DIE SCHÖNSTEN ROUTEN IN
Italien

Unterwegs im Land, wo die Zitronen blühen: Bis heute sind die Fahrten über
die Berge ans Meer ein Traum für alle, die den Hauch des Südens spüren und
die Liebenswürdigkeit, Heiterkeit und kulturelle Vielfalt Italiens erleben wollen.

Schönheit aus einer anderen Welt: die Lagunenstadt Venedig.

Cetraro an der
Zedernküste in
Kalabrien, Süditalien.

DIE SCHÖNSTEN ROUTEN IN
Italien

Fotos: Massimo Borchi, Frank Röhrich, Joachim Hellmuth
Text: Thomas Migge

BRUCKMANN

Inhaltsverzeichnis

Die Routen

Route 2 — Vom Aostatal an den Lago Maggiore
Die raue Bergwelt und eine liebliche Seen- und Küstenlandschaft liegen hier sehr nahe nebeneinander und verquicken in einer reizvollen Symbiose nördliche Schroffheit mit südlicher Heiterkeit. Hier zählen Autos ebenso zu den »Kulturgütern« wie alte Palazzi.

Route 4 — Durch die Toskana und Umbrien
Schlanke Zypressen, weite Flächen und gelbrote Dörfer auf sanften Hügelkuppen: Die Mitte Italiens mit so zauberhaften Städten wie Florenz, Todi und Siena gehört immer schon zu den Urlaubsklassikern dieses Landes, dessen typisches Gesicht sie geprägt haben.

Route 5 — Rundfahrt durch Latium
Diese Region muss sich hinter Mamma Roma nicht verstecken: Kaiserliche und päpstliche Sommerresidenzen, verwunschene Gärten und tiefblaue Vulkanseen, üppige Weinberge und sanfte Hügel machen sie zu einem Ferienziel für jeden Geschmack.

Route 8 — Durch Sizilien und Sardinien
Die beiden größten Inseln Italiens locken mit uraltem Kulturgut, einzigartigen Kunstschätzen und geheimnisvollen steinernen Zeugnissen der Vorgeschichte ebenso wie mit überwältigender Natur und Traumstränden.

Route 1 Durch Venetien und Friaul

Italiens Nordosten hat die Alpen im Rücken und die Adria vor der Tür. Damit vermochte diese Region mit ihren alten und neuen Metropolen wie Trient, Venedig und Triest von jeher die Fremden – Eindringlinge wie auch Gäste – in ihren Bann zu schlagen.

Route 3 Von Mailand nach Loreto

In Städten wie Parma oder Modena mit ihren Spezialitäten stand die Wiege der italienischen Kochkunst; doch auch Hochburgen der Renaissance, wie Urbino, und andere Schätze der Kunstgeschichte lassen sich hier entdecken.

Route 6 Durch Apulien und die Basilicata

Absatz und Sporn des Stiefels haben nicht nur Meer und unberührte Natur abseits der Touristenpfade zu bieten: In der Heimat von Stauferkaiser Friedrich II. kann man Geschichte hautnah erleben und Zeitreisen in Antike, Mittelalter und Barock unternehmen.

Route 7 Von Neapel nach Reggio di Calabria

Die Tage sind vorbei, da Kampanien und Kalabrien hinter anderen Regionen zurückstehen mussten: Hier verbindet sich die klassische Kulturlandschaft mit der unvergleichlichen Schönheit der amalfitanischen Küste.

Weites Land der
Crete: Ihre
Stimmungen und
Konturen lassen
jedes Fotografenherz
höher schlagen.

Das Phänomen Italien

Auch Geheimrat Goethe – den sein Vermieter in Rom, Tischbein, hier in der römischen Campagna malte – lernte auf seinen »italienischen Reisen« die Vielfalt des Landes, in dem die Zitronen blühen, kennen. rechts Lebensfreude, Temperament und Nonchalance sind jedem Italiener in die Wiege gelegt. oben

Italien ist ein ungewöhnliches Land – vielleicht sogar Europas ungewöhnlichstes und überraschendstes. Diese gewagte Behauptung ist, wenn man von Kunst und historischen Monumenten spricht, sogar offiziell abgesegnet: Der UNESCO zufolge befinden sich auf dem italienischen Stiefel rund 70 Prozent des gesamten Weltkulturerbes – von den höchst abwechslungsreichen Reizen der Natur ganz zu schweigen, denn: Italien verfügt beispielsweise über einige der schönsten, größten und wildesten Naturschutzparks Europas, in denen Wölfe und Bären leben, und in Süditalien finden sich gar einige der dichtesten Wälder mit den höchsten Bäumen in ganz Europa.

Italien bietet aber noch viel mehr als »nur« herrliche Landschaften und Städte, die vor Kunst nur so überquellen. Seine einzelnen Regionen offenbaren immer andere Überraschungen und können nicht einfach über einen Kamm geschoren werden; ja, selbst den Italienern erscheint ihr eigenes Land so vielseitig und unbegreiflich, dass es, um es mit den Worten des Triester Schriftstellers Claudio Magris auszudrücken, »alle Widersprüchlichkeiten und alle Schönheiten der Welt in sich zusammenfasst«.

Wer den Satz in die Runde wirft: »Ich kenne Italien und die Italiener«, ist also entweder ein Halbgott oder – und das ist wahrscheinlicher – ein »spaccone«, ein Angeber. Denn wenn schon Goethe zugab, dass ein ganzes Leben nicht ausreiche, um Rom kennen zu lernen, dann muss derjenige – so der neapolitanische Schriftsteller Luciano De Crescenzo – »der dieses Land und seine Bewohner im Ganzen versteht, erst noch gebacken werden«.

Campanilismo. Der Stolz auf das Heimatland, auf Traditionen, auf den eigenen Geburtsort und berühmt gewordene Landeskinder hat in der italienischen Geschichte allerdings auch den so genannten »campanilismo« hervorgerufen. Das Wort kommt von »campanile« – dem Kirchturm – und umschreibt die Fixierung auf die eigene Ortschaft, auf all das, was im Blickwinkel der höchsten Erhebung eines Ortes, also des Kirchturms, geschieht. »Campanilismo« meint damit die chronische Blindheit für alles, was außerhalb des eigenen Umfeldes liegt. Dabei handelt es sich um ein italienisches Phänomen, dessen historische Wurzeln sicherlich in einem Italien zu suchen sind, das in viele kleine Staaten aufgeteilt war. Der »campanilismo« ist aber auch dafür verantwortlich, dass der Zentralstaat, der »Vater Staat«, in Italien immer nur die Idee einer aufgeklärten intellektuellen und politischen Minderheit blieb.

Das daraus resultierende fehlende Bewusstsein für den eigenen Staat, für die Pflichten, die man seinem Land gegenüber hat, drückt sich nicht nur darin aus, dass nirgends sonst in Europa so viele Steuersünder zu finden sind wie hier. Auch die Existenz von »Tangentopoli« – Europas bislang größtem Korruptionsnetz zwischen Politikern und Unternehmern, das 1992 aufgedeckt wurde – lässt sich tatsächlich nur vor diesem Hintergrund erklären. Nun sollte man meinen, dass in einem Land, in dem der Papst residiert und in dem fast 90 Prozent der Bevölkerung katholisch sind, Korruption und Mafia,

Steuerhinterziehung und Schmiergeldzahlungen eigentlich seltener anzutreffen sein sollten, als anderswo. Weit gefehlt! Das italienische Motto: »Erst sündigen, dann beichten, dann von vorn beginnen«, ist der Nährboden für all die kleinen und großen Regelverstöße *all'italiana*.

Identitäten und Dialekte. Dazu gesellt sich der Umstand, dass die Italiener über keine einheitliche Identität verfügen: »Die Italiener« gibt es eben nicht. Als die Halbinsel in der zweiten Hälfte des vorletzten Jahrhunderts politisch geeint wurde und der Papst sich nach dem Verlust seines italienischen »Kirchenstaats« grollend hinter die vatikanischen Mauern zurückzog, sagten sich die Politiker: Da wir Italien geeint haben, müssen wir nun noch die Italiener schaffen – ein Unterfangen, das bis heute noch nicht realisiert werden konnte. Auch wenn die internationale TV-Kultur und das mehr oder minder homogenisierte Konsumentenverhalten in Italien so manche Tradition über Bord geworfen haben, bestehen zwischen Süd-, Mittel- und Norditalienern immer noch Unterschiede, die den Eindruck erwecken, dass in Italien Menschen unter einen politischen Hut zusammengebracht worden sind, die eigentlich nicht viel miteinander zu schaffen haben – weder historisch noch kulturell. Wer einmal von Norden nach Süden fährt, wird merken, wie unterschiedlich nicht nur die Dialekte sind, sondern auch die Menschen und ihre Traditionen: Der Dialekt der Emilia-Romagna etwa ist fast unverständlich für die nicht einmal zwei Autostunden entfernten Florentiner. Und in Südtirol leben gleich drei Sprachgemeinschaften zusammen: die deutsche, die italienische und die ladinische.

Das Fehlen einer einheitlichen kulturellen Identität Italiens erklärt sich aus dem Umstand, dass das »Risorgimento« – jene politische Bewegung aufgeklärter, liberaler und kirchenkritischer Intellektueller, die aus dem italienischen Staatengewirr einen einzigen Nationalstaat bilden wollten – Völker und Kulturen zusammenfügte, die oft nur wenig gemeinsam hatten.

Eine große Autonation: Seit den Anfängen fieberte Italien im Motorsport mit und bringt auch heute noch die erfolgreichsten Rennställe hervor. oben
Italien mit dem Auto entdecken – hier in den 1950er-Jahren. Mitte und unten
Schon immer waren die Italiener ein bewegliches Volk: ein Bild aus den Anfängen des 20. Jahrhunderts. links

Die Römerstraßen:
Der Weg ist das Ziel

Die Römer entwickelten sich in der Antike zu den großen Straßenbauern der Menschheitsgeschichte, doch nach ihnen war es lange schlecht um Europas Straßen bestellt: Erst im 20. Jahrhundert verfügte man wieder über ein Straßennetz, das in Dichte und Beschaffenheit dem der alten Römer entsprach.

Weil sie »Vielreiser« und »Vieleroberer« waren, benötigten die römischen Senatoren und Feldherren, Kaiser und Konsuln gute Straßen. Im Unterschied zu den Griechen, bei denen die Verkehrsadern noch gewunden und meist sehr eng waren, legten die Römer bereits im Zwölftafelgesetz aus dem 5. Jahrhundert v. Chr. eine Mindestbreite für Straßen fest. Im Römischen Reich waren die Straßen mit Poststationen und Wirtshäusern, mit Meilensteinen, Brücken, Viadukten und sogar mit Tunneln versehen: Sklaven waren billig, und die bei den Italienern 2000 Jahre später so verbreitete Lust am Streiken kannte man noch nicht.

So überzogen die Römer ihr ganzes Reich mit Straßen, die alle nach der gleichen Methode gebaut waren: Auf den Mutterboden kam zunächst eine Grobschichtung und dann eine Querlage aus flachen Steinen; es folgte eine Feinschüttung und endlich die Plattenlage. Zweck der verschiedenen Schichtungen war es, die Straße vor dem Absinken ins Erdreich zu bewahren. Um die Wagen der damaligen Zeit zu führen, waren die Straßen in der Regel mit einer Gleisspur, einer Art Rinne, ausgestattet. Waghalsige Überholmanöver, wie sie die modernen Italiener lieben, waren also ein Ding der Unmöglichkeit. Der Ausbau von Fernstraßen garantierte nicht nur die militärische Beherrschung eroberter Gebiete, sondern förderte auch die kulturelle Beeinflussung neuer Territorien. Die erste Römerstraße war die Via Appia, die 312 v. Chr. von Rom aus zunächst bis nach Capua angelegt wurde. Unter Nero (54–68) standen den Römern dann schließlich 80 000 Straßenkilometer zur Verfügung.

Verkehrsweg der Römer: »Straßen« der besonderen Art waren die Aquädukte rechts, kunstvolle Konstruktionen, die zum Teil aus großer Entfernung Wasser in die römischen Städte brachten, und die Brücken, die Flüsse überquerten. Mitte

Die sizilianische Kultur, die im Mittelmeer und in der Geschichte der Anrainerstaaten des Mare Nostrum verwurzelt ist und auf eine uralte Geschichte zurückblicken kann, welche von Griechen und Arabern, von Spaniern und Franzosen, von Mafia und viel Hitze erzählt, ist mit der so ganz anderen Kultur der Region Trentino-Alto Adige regelrecht zusammengeschweißt worden. Und auch in Südtirol gibt es oft Auseinandersetzungen zwischen den beiden großen Sprachgemeinschaften: Die italienischsprechenden Bürger, zahlenmäßig in der Minderheit, fühlen sich immer wieder den deutsch sprechenden Mitbürgern gegenüber benachteiligt.

Separatistische Bestrebungen und Vorurteile. Diese teilweise recht großen kulturellen Unterschiede werden seit ein paar Jahren besonders stark von einigen Norditalienern hervorgehoben. Für den Radikalseparatisten und Parteichef der Lega Nord, Umberto Bossi, sind jene Regionen Italiens, die südlich der Toskana liegen, schon Ausland, gehören schon zu Afrika – dort leben, so das Vorurteil so mancher Norditaliener, die »terroni«, zu deutsch die »Erdfresser«
Ähnlich denkt man bei Norditalien an fleißige Bürger und daran, dass Italien sich

unter den zehn führenden Industrienationen der Welt befindet; bei Süditalien hingegen kommt einem das Wort Mafia in den Sinn: ebenfalls zwei mehr als dumme Vorurteile. Dass die Mafia heute überall in Europa existiert und Clans aus Sizilien und Kalabrien nicht nur in Palermo und Reggio di Calabria Fuß gefasst haben, sondern auch in Mailand und Frankfurt, wird dabei völlig außer Acht gelassen. Obwohl viele dieser Vorurteile einen wahren Kern haben, beginnen die Grenzen zwischen dem vermeintlichen Schwarz und Weiß seit den letzten Jahrzehnten immer stärker zu verschwimmen.
Der immer noch lebendige Unterschied zwischen den einzelnen Völkern und Kulturen, die auf der Halbinsel zusammenleben, macht Italien für Reisende mit offenen Augen ganz besonders attraktiv. Die Unterschiede nicht nur zwischen Süd und Nord, sondern auch innerhalb des Südens und des Nordens, sogar innerhalb der einzelnen Regionen, manifestieren sich vor allem in religiösen und weltlichen Traditionen und in der Gastronomie und haben Wurzeln, die bis weit in die Antike zurückreichen.
Die oft unwegsame Landschaft Italiens hat dazu beigetragen, dass uralte Bräuche selbst der Industrialisierung und Massenkultur standgehalten haben, und seit einiger Zeit wächst der Stolz vieler Italiener auf ihre kulturellen Eigenheiten, ihre Geschichte und ihre Wurzeln wieder.

Italiens Küchenstolz. Unter anderem drückt sich dieser Stolz in prächtigen Volks- und Kirchenfesten aus und in einer ganz spezifischen Küche – und auch in dem Umstand, dass, neben Fußball und Politik, über nichts so häufig diskutiert wird wie über das Essen und das Kochen. Wer mit italienischen Freunden schon einmal in einer einfachen Pizzeria gegessen hat, weiß, dass nicht einfach bestellt wird – man beschreibt umständlich den Teig, den Belag und die Backdauer. Beim Essen ist man eben sehr wählerisch, denn man ist schon von Kindesbeinen an daran gewöhnt, dass die »mamma« einen guten

Auch die Deutschen lernten das Reisen in den fünfziger Jahren und kamen nun mit dem Auto zu den Sehenswürdigkeiten in Italien, die jenseits der Eisenbahngeleise lagen. oben
Klassiker des italienischen Nachkriegskinos und Zeugen der Rivalität zwischen Kirche und Kommunismus: Don Camillo und Peppone. Mitte

Die italienische Küche:
Die Erben des Lucullus

Die italienische Küche, so wie wir sie kennen, ist erst mit der italienischen Staatseinigung im letzten Jahrhundert entstanden: Dank dem Rezeptesammler Artusi, dessen Kochbuch für Generationen von Hausfrauen gleich nach der Bibel kam, verbreiteten sich bestimmte Gerichte auf dem ganzen Stiefel. Trotz dieser Nationalisierung des italienischen Geschmacks zeichnet sich die »cucina italiana« durch ihren nach wie vor starken regionalen Charakter aus. Die Vorstellung, dass Kochen auch innovativ sein kann, hat sich in Italien noch nicht durchgesetzt.

Dank der regionalen kulinarischen Eigenheiten ist Italien ein ideales Land für gastronomische Entdeckungen: Das Essen ähnelt dem Reisen, man muss sich nur darauf einlassen. Der Reichtum an Gerichten und Zubereitungsarten ist so überaus groß, dass kein Kochbuch erschöpfend die italienische Küche darstellen kann.

Eine Menü beginnt mit dem »antipasto«, der Vorspeise; es folgt das »primo piatto«, in der Regel ein Teller Nudeln oder Reis. Das »secondo piatto« besteht aus Fleisch oder Fisch; Salat, der zu den »contorni«, den Beilagen, zählt, wird nie, wie das in Deutschland üblich ist, auf dem gleichen Teller serviert. Vor dem »dolce«, dem Dessert, lassen sich viele Italiener noch auf den »formaggio«, die Käseplatte, ein. Cappuccino nach dem Essen trinken nur Deutsche: Ein Italiener greift hingegen zum Espresso oder zum Grappa.

Italiens Regionen unterscheiden sich beim Essen wie Tag und Nacht. Gehören Knoblauch und scharfe Gewürze im Süden unbedingt zum Essen, so sind sie im Veneto und im Friaul gänzlich verpönt; viel lieber isst man dort und in den österreichisch beeinflussten Regionen Südtirol und Trentino Knödel, Speck und Mehl-

speisen. Französisch wird wiederum die Küche im Aostatal. Dass in Ligurien nur Fisch gegessen wird, stimmt auch nicht: Hier schmeckt man aus vielen traditionellen Gerichten den Einfluss heraus, den die sarazenischen Eroberer hinterlassen haben; Rosinen und Fleisch sind folglich keine Seltenheit. Auch in der sizilianischen Küche ist der Orient nicht zu überschmecken: Schließlich wurde die Insel einmal von den Arabern beherrscht. Während man in der Toskana Steaks wie die »bistecca alla fiorentina« mag, liebt die römische Volksküche Hirn und Eingeweide besonders. Und nirgendwo sonst in Italien gibt es so viele verschiedene Weißbrote wie in Apulien.

Auch bei den Essgewohnheiten lassen sich die Italiener nicht über einen Kamm scheren: Während man zum Beispiel auf Sizilien und in Mittelitalien als Frühstück nur einen Kaffee und ein »cornetto«, ein Hörnchen, zu sich nimmt, essen die Kalabresen schon frühmorgens recht deftig. Apropos Kaffee: Wer schon einmal in einer italienischen Bar war, wird wissen, auf wie viele Arten wie viele verschiedene Kaffees am Tresen serviert werden – mit oder ohne Kakao, in der Tasse oder im Glas; der eine trinkt ihn lau- oder halb lauwarm, der andere heiß, mittelheiß, sehr heiß oder fast schon kochend, und einige wenige wollen ihn sogar eiskalt. Die Italiener sind eben Individualisten – auch beim Essen und Trinken.

Meeresfrüchte: Trumpf der italienischen Küche. oben
Zu den allgegenwärtigen Grundnahrungsmitteln der Italiener gehören Brot, Pizza und Grappa. unten

Teil des Tages damit verbringt, nur das Beste auf dem Markt auszuwählen und zu verarbeiten. Tiefkühlkost ist umso verpönter, je weiter man in den Süden reist. Der Küchenstolz der Italiener hat eine reiche Vielfalt an Zubereitungsarten hervorgebracht. Die Emilia-Romagna etwa ist die Heimat der Tortellini, also der gefüllten Nudeln, und jede Stadt behauptet von sich, das einzig wahre Rezept zu besitzen. So kann es passieren, dass es in fünf verschiedenen Städten fünf Zubereitungsarten für die gleichen Tortellini mit der gleichen Füllung gibt. Man ist eben stolz auf die eigene Küche – und der Reisende fühlt sich wie im Schlaraffenland.

Vivaldi, Verdi & Co. Auch auf ihre Musik lassen die Italiener nichts kommen: Ihre musikalische Tradition ist die vielleicht reichste und älteste in ganz Europa. Viele traditionelle Volksweisen (vor allem in den »rückständigen« Regionen Süditaliens wie Kalabrien und der Basilicata) basieren auf Rhythmen – so versichern jedenfalls die Musikwissenschaftler –, die noch der Antike entspringen. In Italien wurden viele Neuheiten auf dem Gebiet der Musik entwickelt: Der Mönch Guido d'Arezzo, der um das Jahr 1000 lebte, gab dem überlieferten Notensystem einen allgemein gültigen Rahmen, auf dem dann die moderne Notensetzung aufbauen konnte. Bis zum Rokoko war Italien das europäische Kernland der musikalischen Entwicklung. Vor allem aus Venedig und Neapel kamen die großen »Stars«, darunter Vivaldi und Corelli. In Neapel befinden sich deshalb zahlreiche musikalische Archive, in denen Tausende von Werken des 16. bis 18. Jahrhunderts zu finden sind – Werke, die seit ihrer Entstehungszeit nie mehr aufgeführt wurden und erst seit einigen Jahren wieder das Interesse von Musikliebhabern finden. Italien ist vor allem aber das Geburtsland der Oper: Komponisten wie Peri, Caccini und Monteverdi stellten althergebrachte musikalische Vorgaben in Frage und verbanden Poesie, Gesang und Musik zu einer ganz neuen Form. Während sich im 18. Jahrhundert die »opera buffa«, die heitere Oper, großer Beliebtheit erfreute, bevorzugte das 19. Jahrhundert die »opera seria«, deren noch heute verehrte Komponisten Giuseppe Verdi und Giacomo Puccini hießen.

Durch die schönsten Städte, über die steilsten Küstenabschnitte und die weitesten Ebenen bis in die entferntesten Täler der Bergwelt führen die Traumstraßen Italiens und erschließen jeden entlegenen Winkel. Die Vespa ist der erste motorisierte Untersatz, den die heranwachsenden Jugendlichen (legal) fahren dürfen. Schon nach kurzer Zeit entwickeln sie ein atemberaubendes Fahrgeschick und schlängeln sich noch durch die unwahrscheinlichsten Verkehrslücken hindurch.

Die Thermenkultur: Die Lust am heißen Nass

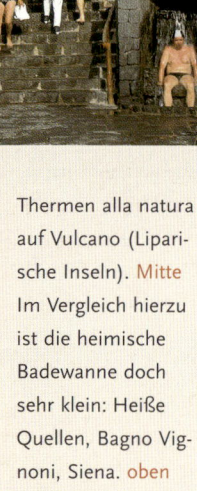

Wasser hatte für alle Völker, die in Italien vor den Römern lebten, eine heilige und reinigende Bedeutung. Aber erst die Nachfahren von Romulus und Remus entwickelten eine Kultur des Badens und nutzten das Wasser ab der Kaiserzeit für riesige Thermenanlagen, von denen gigantische Ruinen wie die Caracallathermen in Rom heute noch Zeugnis ablegen. Wer sich einen Eindruck von der Größe und Pracht dieser antiken Fitnesscenter machen will, sollte die Kirche Santa Maria degli Angeli in Rom aufsuchen: Sie wurde in der Renaissance in die noch stehenden Reste einer Thermenanlage eingebaut. Für die alten Römer waren die Thermen ein Ort für Sport und Erholung, aber auch ein Treffpunkt für die Begegnung mit Freunden, Strichjungen und Prostituierten. Die Päpste konnten mit Wasser und den Thermen gar nichts anfangen – der erste Pontifex, der ein positives Verhältnis zum Wasser hat, ist Johannes Paul II.

Als Ort der Sünde und der hedonistischen Körperkultur des antiken Götzentums wurden die alten Bäder im 4. Jahrhundert geschlossen – und verfielen. Die Kultur der Thermen war fortan nur noch Legende, und man zog zur »Körperreinigung« Holzbottiche vor, in denen man in üblen, mehrmals gebrauchten Brühen badete.

Viele Ruinen antiker Badeanlagen wurden dennoch das ganze Mittelalter hindurch von Reisenden genutzt, denn dem Wasser antiker Quellen sagte man heilende Wirkung nach. Zumeist bei antiken Thermen und schon von Römern

genutzten Heilquellen entstanden im Anschluss daran die modernen »terme« – so zum Beispiel Abano Terme bei Padua: Es ist bekannt, dass der Dichter Horaz zu den »Stammkunden« der dortigen Bäder gehörte.

Eine der berühmtesten und schönsten Thermen Italiens findet man in Montecatini Terme: Auch hier aalten sich bereits die alten Römer im heilenden Wasser.

Die Heilwasser von Saturnia sollen schon in der Urgeschichte von den ersten Menschen genutzt worden sein. Die Sage berichtet, dass der Gott Saturn, wütend über die ewig Krieg führenden Menschen, einen Blitz zur Erde schickte, der einen Vulkankrater schuf, aus welchem heiße Wasser quollen und Angst und Schrecken verbreiteten. Heute sind die 37,5 Grad heißen Terme di Saturnia einer der beliebtesten Kurorte Mittelitaliens und bieten sogar die Dienste einer Beautyfarm.

Eine besonders schöne Therme liegt auf der Insel Lipari: Der »pozzo dei fanghi« ist ein heißer kleiner See, in dem sich nicht nur Einheimische gern wälzen. Thermaleinrichtungen gibt es hier nicht, und doch ist ein Bad im »Schlammbrunnen« eine Wonne.

Thermen alla natura auf Vulcano (Liparische Inseln). *Mitte* Im Vergleich hierzu ist die heimische Badewanne doch sehr klein: Heiße Quellen, Bagno Vignoni, Siena. *oben*

Mode, Design und »la rossa«. Als Mitte 1999 ein französischer Unternehmer das italienische Modehaus Gucci aufkaufen wollte, war ganz Italien entsetzt. Auch wenn viele Italiener sich niemals Schuhe und Taschen, geschweige denn ein Kleidungsstück von Gucci, leisten können, wird das Florentiner Unternehmen doch als nationales Eigentum betrachtet. Das Gleiche gilt selbstverständlich auch für Armani, Ferré, Krizia und alle anderen Ikonen der italienischen Modewelt – und auch für das Autohaus Ferrari, das »la rossa« zusammenbaut, ein Auto, bei dessen bloßer Nennung viele italienische Männer den gleichen Gesichtsausdruck annehmen wie beim Anblick von Sophia Loren. Stolz sind die Italiener auch auf das norditalienische Unternehmen Alessi, dessen von internationalen Designern gestaltete Haushaltsgegenstände in keinem gestylten und italophilen deutschen Haushalt fehlen dürfen.

Italien und der Tourismus. Auch wenn sie es nur äußerst selten zugeben: Die Italiener lieben deutsche Urlauber. Zum einen, weil diese immer gern bereit sind, auch überhöhte Preise anstandslos und ohne Gemecker zu zahlen, und zum anderen, weil sie in der Regel treu sind – denn wenn sie sich wohl fühlen, dann kommen sie immer gern wieder.
Obwohl die Italiener auf eine lange Tradition im Herbergswesen zurückblicken – schon seit dem späten 16. Jahrhundert gehörte es für reiche und hochwohlgeborene Söhne zum guten Ton, Italien zu bereisen –, findet man häufig Unterkünfte, die, selbst wenn sie mit drei und vier Sternen prahlen, recht unansehnlich und für das, was sie bieten, entschieden zu teuer sind. »Wissen Sie«, bekannte ein Hotelbesitzer in Rom, »die Reisenden kommen doch auch, ohne dass wir uns anstrengen.« Und so ist es dann nicht nur in Rom, sondern auch in Florenz, Venedig und anderswo, wo Touristen ganzjährig anzutreffen sind, keine Seltenheit, unfreundlich behandelt zu werden und für viel Geld wenig Gegenleistung zu bekommen.

Chronische Verkehrssünder. Gerade von den ordnungsliebenden Deutschen wird immer wieder der italienische Verkehr bestaunt: Die Ampel ist rot, doch das interessiert keinen so recht, und viele Autofahrer fahren trotzdem weiter. Werden diese Regelbrecher von einem »vigile«, einem Verkehrspolizisten, erwischt und zur Rechenschaft gezogen, dann zieht man alle Register des Bittens und Bettelns, um Vergebung zu erlangen. Die wie zum Gebet gefalteten Hände der Erwischten vor einem Polizisten, der verzweifelte Gesichtsausdruck und das Jammern in der Stimme sind die eindrucksvollsten Instrumente einer Kultur, in der das »perdonare«, das Verzeihen also, zum Alltagstheater gehört wie die strahlende Sonne zum azurblauen Himmel.
Übrigens: Das Autofahren kann in Italien auch für den Reisenden etwas Wunderschönes sein. Man findet überall verträumte Sträßchen, die – egal, wie schmal und unbefahren – immer zu einer Burg, einem verschlafenen Ort oder einer malerischen Kapelle führen. Die Autobahnen sollte man darum, wann immer möglich, links liegen lassen und auch einmal ungeteerte Straßen nehmen.

Ob Microtaxi, Segelboot oder »motorino«: Um ein Fortbewegungsmittel ist man in den seltensten Fällen verlegen. links und unten

Die alten Pilgerstraßen: Unterwegs in Gottes Namen

Schon lange, bevor Papst Bonifaz VIII. im Jahr 1300 das Heilige Jahr einführte und damit Rom zum Hauptziel aller Pilger machte, gab es in ganz Europa Pilgerwege. Fromme Christen, die Buße tun oder etwas erbitten wollten, pilgerten nach Santiago de Compostela in Galizien, Jerusalem, Rom und zu anderen Orten, an denen Reliquien verehrt wurden. Sechs Pilgerwege lassen sich seit dem Mittelalter in Italien unterscheiden: Pilger aus Spanien und dem südlichen Frankreich kamen über die Via Aurelia; von Ventimiglia aus über La Spezia und Civitavecchia erreichten sie die Ewige Stadt. Frommes Volk aus der Schweiz und dem nördlichen Frankreich, aus England und Belgien reiste über die bergige Pilgerstraße, die durch das Aostatal führte, über Pavia und durch die westliche Emilia-Romagna in die Toskana und nach Rom. Katholiken aus Osteuropa und dem Deutschen Reich kamen über die seit der Antike benutzte Brennerstraße; an Trient und dem Gardasee vorbei wanderten sie via Florenz nach Rom.

Wer sich aus den südlichen Ländern Osteuropas und dem nördlichen Balkan nach Rom auf den Weg machte, reiste über Udine und Aquileia, Treviso und Ravenna, San Marino und Foligno.

Christen aus dem Nahen Osten hatten zwei Möglichkeiten, nach Italien zu kommen: entweder durch die Türkei, dann über das Meer und durch Albanien, oder aber auf See bis nach Otranto und dann durch Apulien via Caserta und Frosinone gen Rom. Sizilianer setzten bei Messina nach Kalabrien über, reisten die Küste entlang bis hinauf nach Neapel und über Terracina an ihr Reiseziel, in den Kirchenstaat. Endlich in Rom angekommen, hatten die Pilger in allen sieben Basiliken zu beten. Sündenerlass brachte und bringt auch heute noch das Hinaufrutschen der Scala Santa auf den Knien: Der frommen Legende nach soll Jesus diese »heilige Treppe« im Palast des Pontius Pilatus hinaufgestiegen sein und darauf sein Blut – heute dunkle Flecken unter Glas – vergossen haben.

Das Wallfahren war früher kein Vergnügen: Räuber und wilde Tiere lauerten am Wegesrand. Heute geht es da bequemer vonstatten und um sein Leben braucht man zum Glück auch nicht mehr zu fürchten.

Traumstraßen mit Löchern. Ein waches Auge sollte man allerdings auf die Straßenbeschaffenheit haben, denn die Italiener sind längst nicht mehr so gute Straßenbauer wie ihre römischen Vorfahren: Auf fast allen Straßen begegnet man einer Vielfalt von »buche«, von mehr oder minder tiefen und großen, breiten und langen Löchern – Löchern, mit denen nicht zu spaßen ist, denn jedes Jahr fallen ihnen Dutzende von Mopedfahrern zum Opfer. Keinesfalls sollte man sich von der Fahr- und Risikofreude der Italiener anstecken lassen. Man muss schon lange in Italien leben oder immer mit dem Schlimmsten rechnen, wenn man so rasant fahren und überholen will wie die Einheimischen. Vorsicht ist vor allem an Küstenstraßen geboten und in Süditalien – und auch dann, wenn man nachts über Land fährt und von einer wild gestikulierenden Person (meistens eine junge Frau, das wirkt hilfsbedürftiger) mit verzweifeltem Gesichtsausdruck gebeten wird, bei einer Panne zu helfen. Hier sollte man tunlichst nicht anhalten, denn der Appell an die Nächstenliebe kann sich als hinterlistige Finte herausstellen, die man mit dem Verlust von Auto und Habseligkeiten sowie mit einem gehörigen Schrecken bezahlen muss. Es ist angeraten, von der nächsten Ortschaft aus die Polizei zu verständigen – soll die sich um die »Panne« kümmern.

Das Parkplatzproblem. In Nord- und Mittelitalien wird man in der Regel keine Schwierigkeiten haben, das Auto halbwegs sicher zu parken. Doch in Rom beginnen die Probleme: Die Millionenstadt mit ihrem historischen Stadtkern, in dem nur rund 250000 Menschen leben, verfügt genau dort, wo alle Reisenden hinwollen, nämlich im Zentrum, über extrem wenige Parkplätze; man buche deshalb am besten ein Hotel mit eigenem Parkplatz und wage es in keinem Fall, illegal zu parken: Roms »vigili« können sehr aufmerksam sein, wenn sie wollen – vor allem bei ausländischen Kennzeichen und besonders teuren Autos.

Der Umstand, dass so mancher Autovermieter in Rom nur widerwillig einen Wagen für einen Trip nach Süditalien hergibt oder sich sogar weigert, lässt ahnen, was einer teuren und modernen Luxuslimousine südlich der Hauptstadt blühen kann. Das muss natürlich nicht so sein, nur leider ist gerade die Haupttreisezeit auch jene Zeit, in der die meisten Autos verschwinden: vor allem im Süden.

In Neapel, in Bari und Palermo, aber auch in vielen anderen süditalienischen Städten schützt selbst das Parken an belebten Plätzen nicht vor den geschickten »ladri«, den Dieben. Man suche sich legal bewachte Parkplätze oder lasse den Wagen auf dem Hotelparkplatz stehen. Niemals darf man

Religiosität ist in Italien von großer Bedeutung: Prozession im Cembratal, Südtirol links, Ostersonntag in Piano d'Albanesi Mitte, die Abbadia S. Salvatore, Sizilien oben.
Auf Sizilien wird der Karfreitag oft – wie hier in Erice – mit einer Prozession begangen. unten

Der Gott Vulcanus hat prägnante Spuren in Italien hinterlassen: Vesuv, Ätna und die Liparischen Inseln könnten viel davon erzählen ...

aber einem noch so freundlich lächelnden Parkwächter den Autoschlüssel aushändigen: Auch wenn er unter vollem Körpereinsatz verspricht, den Wagen in eine frei gewordene Parklücke zu fahren, sollte man ihm besser nicht vertrauen. Es könnte sich bei der Rückkehr nämlich durchaus herausstellen, dass nicht nur der nette Mann verschwunden ist, sondern auch der fahrbare Untersatz.

Autorennen. Die Italiener sind begeisterte Autofahrer und riskieren beim Fahren immer gern ihr Leben: Anders kann man die Angewohnheit des chronischen Nichtanschnallens trotz saftiger Strafandrohung nicht erklären. Und weil sie das Risiko lieben, lieben sie Autorennen.
Anfang Mai veranstaltet das von Italien politisch unabhängige San Marino den »Grand Prix di San Marino«, allerdings nicht auf den Straßen der oft von Adriatouristen überschwemmten Minirepublik, sondern im italienischen Imola – und zwar ganz in der Nähe der berühmten Werkstätte, in denen die Ferraris zusammengebaut werden.
Im September brausen die Formel-1-Piloten beim italienischen Grand Prix in

Monza über die Pisten, während es jeden Oktober in San Remo zur Sache geht: Die Auto-Rallye an der Blumenriviera wurde spätestens durch den Lancia Delta und den Fahrer Micky Biason weltbekannt.

Italiens Regionen – so unterschiedlich wie Tag und Nacht. Italien ist landschaftlich heterogener, als man meinen möchte: Langeweile kann aus diesem Grund nicht aufkommen. Das Piemont, aus dem Gorgonzola, Trüffel und Fiat stammen, ist eine weite Ebene, die von malerischen und kilometerlangen Baumalleen unterbrochen ist. Das benachbarte Aostatal besticht hingegen durch hohe Berge und Alpenpanoramen; der Landschaftswechsel zwischen den beiden Regionen kann gar nicht dramatischer und somit reizvoller sein.
Wenn man die Lombardei vom Tessin aus erreicht, fällt der Unterschied zwischen der Schweiz und Italien landschaftlich zunächst nicht auf – vor allem nicht an den Seen, wo der Übergang buchstäblich fließend ist.
Die Straßen der Lombardei sind oft von Fabriken gesäumt – ein Hinweis darauf, dass die Region in der industriellen Produktion die Nase vorn hat.

In Venetien, das sich zwischen den Dolomiten und dem Schwemmland des Pos und anderer Flüsse entfaltet, sieht es ganz anders aus: Man fährt durch weite Felder und Weinberge. Östlich davon locken das Friaul und Julisch-Venetien mit ihrer echt österreichischen Atmosphäre, während bei Venedig kilometerlange Sandstrände Mittelmeerklima vermitteln.

Südtirol und das Trentino liegen ganz in den südlichen Ausläufern der Alpen. Seit Jahrtausenden ziehen die Romreisenden durch die Täler dieser Region, die einen Vorgeschmack auf die unterschiedlichen Reize Italiens gibt: im Norden Südtirols die Alpen, im Trentino südliche Palmen. Liguriens Straßen sind kurvenreich, bieten allerdings traumhafte Aussichtspunkte auf das Meer und die Küste. Flach wird es wieder in der Emilia-Romagna, die besonders im Süden sehr reizvoll ist: Dort finden sich die Ausläufer des Apennin, Burgruinen und stille Dörfer.

Hügelig präsentieren sich die Toskana und Umbrien (flach ist es dort nur in der Maremma): Waldreiche Gegenden und die baumlosen Crete, in denen weite Felder vorherrschen, wechseln sich ab. Nicht weit entfernt liegt die Hauptstadt Italiens: Rom befindet sich in Latium, einer Region, die neben der Metropole Wald und Meer, Vulkanberge und Seen zu bieten hat. Unverständlicherweise verirren sich jedoch nur wenige Reisende in die nahen Abruzzen, die Marken und Molise; und wenn doch, dann hauptsächlich an die Strände. Dabei lohnt es sich durchaus, das waldige und bergige Landesinnere zu erkunden – dort gibt es auch einige faszinierende romanische Kirchen zu entdecken.

Kampaniens Hauptstadt ist Neapel. Je tiefer man von hier aus in den »mezzogiorno«, den italienischen Süden, vordringt, desto spärlicher werden jenseits der Badeorte touristische Strukturen – hier kann man noch das urwüchsige Italien finden. Darüber hinaus gibt es im wirtschaftlich unterentwickelten Süden auch unberührte Küstenabschnitte und Naturschutzparks, die einmalig in ganz Italien sind. Wer durch das Landesinnere von Kalabrien, Apulien, der Basilicata und Sizilien fährt, stößt kaum auf Autos, aber auf Dörfer, in denen man die Fremden neugierig beäugt. Und auch wenn diese Regionen von Arbeitslosigkeit und Armut gekennzeichnet sind, bieten sie doch eine unverfälschte mediterrane Kultur wie sonst nirgendwo auf dem Stiefel. Italien hat eben viele Gesichter.

Ferienparadiese nicht nur für Kinder: Die italienischen Inseln garantieren Sonne und Badefreuden pur und haben daneben noch manche kulturelle Überraschung zu bieten. oben Sardinien unten und Sizilien links haben eine ganz eigene Kultur im Vergleich zum Festland entwickelt.

Route **1**
Durch Venetien und Friaul

Vom italienischen Teil
Südtirols über den südlich
anmutenden Gardasee und die
Kulturstädte Oberitaliens nach
Venedig und ins malerische
Friaul: Abwechslungsreiche
Landschaften prägen die
Reise durch den östlichen
Teil Norditaliens.

Autos müssen draußen
bleiben: Schönstes
Transportmittel durch
Venedigs prachtvolle
Kulissen ist und bleibt
die Gondel.

Zwischen Alpen und Adria

Alpine Formationen und mediterranes Flair, antike Monumente und moderner Städtebau, trutzige Burgen und fragile Lagunenstädte – polarer könnten die Eindrücke nicht sein, die diese Route charakterisieren. Gerade aber das Zusammenspiel der vermeintlichen Gegensätze macht den besonderen, stimmungsvollen Reiz dieses Landstrichs aus und verleiht ihm eine eigenwillige Note.

Legendär ist der Karneval von Venedig, dessen mystische Masken einen eigenen Stil geprägt haben.

In *Trient* beginnt Italien – zwar nicht geographisch, aber kulturell. Spricht man in Bozen noch überwiegend deutsch, so wird es in dem Städtchen an der Etsch schon richtig italienisch – schließlich heißt Trient offiziell ja Trento und ist auch die Hauptstadt der autonomen Region Trentino-Alto Adige (Südtirol). Obwohl zwischen Bozen und Trient nur 60 Kilometer Straße liegen, gehören beide Städte kulturell verschiedenen Welten an. Einziges Verbindungsstück ist das gewaltige Dolomitenmassiv.

Die Hauptverkehrsader ist heute die Brennerautobahn. Sie überwindet den Alpenpass, begleitet die Etsch und biegt mit ihr nach Verona ab. Leider gehört diese Autobahn zu den meistbefahrenen Straßen Europas – das ganze Jahr über. Es ist ratsam, über reizvolle Nebenstraßen zu fahren. Trient ist eine keltisch-römische Gründung und gehörte vom 10. Jahrhundert an zum Römischen Reich Deutscher Nation: So italienisch man sich hier auch gibt – Trient wurde erst im Jahr 1919 italienisch. Die Stadt, die vom 11. bis zum 18. Jahrhundert von mächtigen und kunstsinnigen Fürstbischöfen regiert wurde, war von 1545 bis 1563 Tagungsort des Tridentinischen Konzils, mit dem die katholische Kirche durch umfangreiche Reformbeschlüsse der mit dem Auftreten Luthers beginnenden Spaltung entgegenwirken wollte.

Südliches Flair am Gardasee. Wer es schnell liebt, kann die Autobahn nehmen, um nach Riva del Garda zu gelangen; schöner ist aber die malerische Straße von Trient über den Monte Bondone, durch die verschlafenen Örtchen Lasino, Drena und Dro hinunter zum Gardasee.

Am *Lago di Garda* – dem größten Binnengewässer Italiens und der Schnittstelle der Regionen Trentino, Lombardia und Veneto – wird die ganze landschaftliche Vielfalt Norditaliens deutlich: Von den majestätischen Gipfeln der Dolomiten bei Trient geht es in kurzer Zeit zu einem von sanft geschwungenen Bergen umstellten See, an dessen Ufern Palmen und Zitronenbäume wachsen.

Ganz besonders schön ist es in *Riva del Garda* bei der Festung der mittelalterlichen Familie der Scaliger direkt am See. Dank der heftigen Winde ist der See hier ein Paradies für wagemutige Surfer. Zwischen Toscolano-Maderno und Gardone Riviera am Westufer sollte man bei der spätbarocken *Villa Bettoni* anhalten: Das Treppenhaus und die Säle des am See liegenden Schlosses sind prächtig ausgemalt; vom ersten Stock aus führt über die Gardesana eine kleine Brücke in den herrlichen Park. In *Gardone Riviera* ließ sich der italienische Schriftsteller Gabriele D'Annunzio in den zwanziger Jahren den »Vittoriale«

Der Gardasee ist eines der nördlichsten Paradiese Italiens; die Gardesana, die ihn umgürtet, wird bei Campione am Westufer besonders malerisch.

errichten, eine Villa mit Mausoleum. In Gardone residierte auch Benito Mussolini: Zwischen 1943 und 1945 regierte der Duce hier die so genannte Republik von *Salò*, einen Ministaat von Hitlers Gnaden. Schön ist auch ein Spaziergang auf der Halbinsel von *Sirmione*, wo sich eine stolze Scaligerburg im tiefblauen Seewasser spiegelt. An der Spitze der schmalen Landzunge ließ sich der antike Lebemann Catull in einer Villa mit traumhaftem Ausblick vom milden Klima verwöhnen.

Highlights der Kunstgeschichte. *Verona* befindet sich bereits in der Region Venetien und wird die »rote Stadt« genannt, weil viele Gebäude aus rötlichem Kalkstein errichtet sind. Diese schöne Stadt kennen viele nur wegen ihrer römischen Arena und des dort stattfindenden Opernfestivals; man sollte aber auch über die malerische Piazza delle Erbe zur romanischen Kirche San Zeno Maggiore bummeln – und zum Castelvecchio mit seinen reichen und sehenswerten Gemälde- und Skulpturensammlungen.

Ganz in der Nähe von Verona, Richtung Osten, liegt die mittelalterliche und von Mauern umstandene Ortschaft *Soave*, die verschlafen und zugleich malerisch wirkt. Soave ist durch den gleichnamigen leichten Weißwein bekannt, der bei Hitze den Durst löscht. Von hier ist es nicht mehr weit bis *Vicenza*, wo Andrea Palladio gewirkt hat – ein Maurer, der es bis zum Starbaumeister der italienischen Renaissance brachte. Die von diesem Genie entworfene Basilica Palladiana, der Palazzo Chiericati sowie das Teatro Olimpico, das älteste überdachte Theater Europas aus Holz und Stuck, lohnen einen Besuch. Südlich von Vicenza hängt in der idyllisch zwischen Zypressen gelegenen *Basilica di Monte Berico* ein Meisterwerk von Paolo

»Das Wasser der Lagune, dessen Grundfarbe ein der Rheinfärbung sehr ähnliches Hellgrün ist, hat durchaus die Lichtqualität matter Edelsteine, namentlich des Opals.«

Hermann Hesse, Die Lagune, 1901

»Turandot« in der Arena von Verona. oben
Ein Paradies nicht nur für Surfer: der Gardasee an den südlichsten Ausläufern der Alpen. unten

Veronese, das »Gastmahl Gregors des Gro
ßen«; vom Kirchenvorplatz aus hat man
einen wunderbaren Blick auf Vicenza und
die Berge, und keine 15 Minuten Fußweg
entfernt lockt die barocke *Villa Valmarana*,
die von den Malern Tiepolo Vater und
Sohn mit phantastischen Fresken ausgemalt worden ist.

Um nach Padua zu gelangen, geht es an
den Colli Euganei entlang. Kurz vor der
Stadt des heiligen Antonius verführt der
Kurort *Abano Terme* zu einer Rast: Man
sollte den Thermen mit ihrem reichen Blumenschmuck in jedem Fall einen Besuch
abstatten. 14 Kilometer westlich erhebt sich
die Benediktinerabtei *Abbazia di Praglia*,
eines der schönsten Klöster der italienischen Renaissance.

Die Stadt des heiligen Antonius. *Padua*

verfügt über einen der eigenartigsten Plätze Italiens: Die barocke Gartenanlage des
Prato della Valle ist riesengroß, hat in ihrer

Gläserne Träume

Von Venedig aus ist es mit dem Vaporetto, dem
städtischen Linienschiff, zur Insel Murano nicht
weit. Seit Ende des 13. Jahrhunderts wird hier
Glas geblasen. Heute befinden sich auf dem kleinen Eiland einige der bekanntesten Glashütten
Europas, darunter zum Beispiel Venini. Viele
Häuser locken Besucher mit großen Hinweis-
tafeln ins Innere, wo bereitwillig demonstriert
wird, wie die Gläser und Vasen und zauberhafte
kleine Skulpturen geblasen und geformt werden.
Bevor man die Glashütte verlässt, kommt der
obligatorische Gang durch das »negozio«, das
Geschäft. Besonders hübsch sind die »palle«,
verschieden große Glaskugeln mit buntem Glas-
inhalt, der Blumen, Phantasiemotive und Fische
darstellt. Wem der Rummel um die »Gläsereien«
zu laut und zu aufdringlich ist, der sollte das
Museo Vetrario aufsuchen. Es zeigt die schönsten Glasprodukte aus dem 15. und 16. Jahrhundert, als jeder Herrscher Europas, der auf sich
hielt, seine Gläser in Murano bestellte.

Auch Vicenza hat pitto-
reske Winkel zu bieten.
oben

Der Markusplatz in
Venedig gibt eine groß-
artige Bühne für Kaffee-
hausmusiker und Stra-
ßenkünstler ab. unten

Der venezianische Adel hat sich manches Kleinod an den Brentakanal gebaut Mitte; auch das ehemals habsburgische Triest hat prächtige Bauten vorzuweisen. oben Doch ob Palazzo oder nicht – die Italiener wissen zu leben.

Mitte eine von Wasser umgebene Insel und ist mit 78 Statuen berühmter Paduaner geschmückt. In Padua findet sich auch einer der ältesten botanischen Gärten Europas: Er wurde 1545 eingerichtet, und noch heute kann man hier die Palme sehen, die Goethe in seinen botanischen Schriften erwähnte. Die Basilika, in der der heilige Antonius begraben liegt, und die Cappella degli Scrovegni, die Giotto ausmalte, gehören überdies zum Pflichtprogramm. Von Padua aus empfiehlt sich ein Abstecher in das etwa 60 Kilometer südlich gelegene *Ferrara*, dessen Residenzcharakter unter den Este in der Renaissance zahlreiche Paläste belegen.

Von Padua nach Venedig führt eine wahre Traumstraße der Architektur: Der Adel von Venedig ließ sich seit dem 16. Jahrhundert entlang dem *Brentakanal* – der angelegt wurde, um die Verschlammung der Lagune von Venedig zu verhindern – prächtige Sommerresidenzen errichten. Diese palazzoartigen Villen stehen auf einer Länge von 36 Kilometern eng nebeneinander, und da die Straße sich am Kanal entlang schlängelt, kann man bequem eine Villa nach der anderen abfahren.

Der Glanz vergangener Tage. In *Venedig* angekommen, heißt es, einen der rar gesäten Parkplätze an der Piazzale Roma zu finden. Vor dem Bahnhof nimmt man am besten ein Vaporetto – so heißen die »schwimmenden Busse« in Venedig – und macht eine Stadtrundfahrt durch die Kanäle. Ebenso reizvoll ist von hier aus ein Abstecher in südlicher Richtung nach *Ravenna*, dessen byzantinische Mosaiken jeden Umweg wettmachen (siehe auch Seite 34/35).

Fünfundzwanzig Kilometer nördlich von Venedig erreicht man *Treviso*, eine stille Stadt; der Stadtkern hat seine mittelalterliche Topographie bewahren können, und die gotische Kirche San Nicolò und der Dom San Pietro mit seinen Gemälden von Tizian und Pordenone zeugen von glorreicheren Zeiten.

Der heute eher stille und verträumte Ort *Portogruaro* war bis ins 16. Jahrhundert hinein ein munterer Hafen. Ebenfalls auf eine bewegte Vergangenheit kann das

Städtchen *Aquileia* zurückblicken, das einmal eines der wichtigsten Zentren des Weströmischen Reiches war; 452 wurde es von Hunnenkönig Attila dem Erdboden gleichgemacht. Die vertriebenen Aquilesen suchten in dem Lagunenort *Grado* Zuflucht; er ist heute ein überlaufener Badeort mit einer hübschen kleinen Altstadt. Zwischen der Lagune und dem Meer führt die Straße am malerischen Fischerdorf Duino vorbei weiter nach *Triest*. Der mitteleuropäische Charme dieser Stadt und ihre gemütlichen Kaffeehäuser erinnern an die über fünfhundertjährige Herrschaft der österreichischen Habsburger: Erst 1918 kam man zu Italien.

Grenzland zwischen Ost und West. Gen Norden an der kroatischen Grenze entlang kommt man nach *Gorizia* (Görz). Im Zweiten Weltkrieg war das Städtchen Schauplatz heftiger Kämpfe und wurde arg mitgenommen, später aber mit viel Liebe fürs Detail wieder aufgebaut. Fortsetzung Seite 36

Statussymbole von gestern und heute: Schloss Miramare in Triest links oben und der Palazzo dei Diamanti in Ferrara Mitte dienten in etwa dem gleichen Zweck, zu dem man sich heute schnelle Autos leistet: Man will zeigen, was man hat. Grado lockt mit all seinen Reizen. unten

In Bassano del Grappa wird der berühmte und auch bei uns beliebte Branntwein produziert.

Byzantinische Kunst: Die Mosaiken von Ravenna

Wer sich zum ersten Mal in Ravenna die Mosaiken ansieht, wird aus dem Staunen gar nicht mehr herauskommen. Die ungewöhnliche Farbenpracht und Vielfalt an Motiven, das leuchtende Gold und das strahlende Rot, das an die Farbe des Meeres erinnernde Blau und die Räumlichkeiten, in denen sich diese Mosaiken befinden, gehören sicherlich zum Schönsten, was es in Italien zu besichtigen gibt.

Ravenna ist heute eine Kleinstadt, und nur noch wenig erinnert daran, dass sich hier einmal die Hauptstadt des Weströmischen Reiches und später der Sitz des byzantinischen Exarchen befand. Auch von jener Zeit, als Ravenna, viele Jahrhunderte vor Venedig, eine Lagunenstadt auf Holzpfählen war, ist nichts mehr geblieben. Die Lagune versandete, und das Meer zog sich zurück. Heute sind auch die spätrömischen Zivilbauten, die Paläste und Arenen, die Wohnhäuser und Foren verschwunden, und nur noch einige Gotteshäuser ragen wie erhobene Finger einer überaus glorreichen Vergangenheit in das Heute.

Wenn man sich der Basilica di San Vitale nähert, ahnt man nicht, welche Kunstschätze sie birgt, denn dass Äußere des 547 geweihten Gotteshauses ist sehr schlicht – von der alten Pracht heidnischer Tempel keine Spur. Doch sobald man die Kirche betritt, taucht man in eine andere Welt ein: Der große Raum ist rund und verfügt über die typisch byzantinische Kuppel. Zu sehen sind eindrucksvolle Marmorarbeiten und Kapitelle auf kostbaren Säulen. Die Wände sind mit Mosaiken ausgeschmückt, die Episoden aus dem Alten Testament erzählen. Zu sehen sind auch weltliche Szenen wie die prächtige Kaiserin Theodora inmitten ihres ebenso prächtigen Gefolges. Neben ihr blickt Kaiser Justinian auf die Kirchenbesucher herab, auch er in Gesellschaft eines kostbar gewandeten Hofstaats.

Die Mosaiken im Battistero Neoniano, einer Taufkapelle aus dem 6. Jahrhundert, die von einem Bischof namens Neon errichtet wurde, sind nicht weniger faszinierend: Die Vielfalt der überaus phantasievollen Motive in den Entlastungsbögen ist nur schwer in Worte zu fassen; die Kunstfertigkeit der späten Römerzeit erreicht hier ihre letzte Blüte.

San Vitale, Sant'Apollinare und San Francesco *von oben nach unten*: Die Mosaiken von Ravenna, die hier zu finden sind, gehören zu den schönsten Zeugnissen der byzantinischen Kunst. Sie gehören zum Weltkulturerbe der UNESCO.

Ein sagenhafter Herrscher

Ebenfalls in Ravenna befindet sich ein Gebäude, das Kunsthistorikern Rätsel aufgibt: das Mausoleum Theoderichs des Großen, des Königs der Ostgoten. Theoderich (um 451–526) war als Geisel am Hof von Konstantinopel aufgewachsen und lenkte als König das Geschick der Ostgoten. Seine Regentschaft gilt als goldenes Zeitalter; die Sagengestalt Dietrich von Bern, das Idealbild eines Ritters, geht auf ihn zurück.

Noch zu seinen Lebzeiten ließ Theoderich sein Mausoleum errichten: Der zweigeschossige Bau ist von einer Kuppel von 11 Metern Durchmesser bedeckt und besteht aus einem einzigen Wölbungsstein. Unter dieser Kuppel steht eine Wanne aus Porphyr, in der sich der Leichnam Theoderichs befand. Noch heute ist ungeklärt, wie man den gewaltigen Kuppelstein auf das Mausoleum hievte.

In welch hohem Maß die byzantinische Kunst noch vom Realitätssinn der römischen Mosaikmeister beeinflusst war, lässt sich besonders anschaulich in der Basilica di Sant'Apollinare in Classe nachvollziehen: Die Figuren der auf einem Sims (welcher wiederum von 26 marmornen Säulen getragen wird) angebrachten Mosaiken wirken auf den Betrachter wie Malereien.

Ebenfalls staunen kann man im Mausoleum der Galla Placidia; sie war die Schwester von Kaiser Honorius und machte sich einen zweifelhaften Namen wegen ihrer orientalisch anmutenden Hofhaltung. Die im 5. Jahrhundert in Form eines lateinischen Kreuzes errichtete Kapelle ist mit wertvollen und wunderschönen Mosaiken im römischen Stil ausgeschmückt, unter anderem mit Blumen und zahllosen Sternen, symbolischen Darstellungen und einem prachtvollen Christus.

Die Glaubenswelt des Mittelalters ist hier mit archaischer Kraft dargestellt. oben
Mosaikwerkstätten und Restauratoren arbeiten gegen den »Zahn der Zeit«. unten

In Trient beginnt Italien wirklich großes Bild: Je weiter man nach Süden fährt, desto typischer wird die Architektur, die sich vor allem in Nord- und Mittelitalien in zahllosen Prachtvillen wie der Villa Barbaro in Maser äußert rechts. Ob Grappa, Melone oder Schinken: Auch durch ihre kulinarischen Vorlieben und Spezialitäten verrät sich eine Region.

Historisch mehr zu bieten hat das mittelalterliche *Cividale del Friuli* in der Nähe: Hier erhebt sich der Tempietto Longobardo aus dem 8. Jahrhundert, eines der schönsten frühmittelalterlichen Gebäude ganz Nordostitaliens.

Die friulische Stadt *Udine* wurde in der Tagliamentoebene gegründet: Im Jahr 983 machte Kaiser Otto II. dem Patriarchen von Aquileia das dort gelegene Kastell zum Geschenk. Südwestlich von Udine, bei *Passariano*, lohnt der Besuch der barocken Villa Manin. Auch *Palmanova* lockt den Besucher: 1593 ließ Venedig diese sternförmige Festungsstadt zur Verteidigung gegen feindliche Türken und Habsburger errichten.

An Pordenone und Vittorio Veneto vorbei passiert man ein Tal zwischen den Bergen des Bosco del Consiglio und Nevegal und erreicht das malerische *Belluno*: Im Norden grüßen die Dolomiten und im Süden die Belluneser Voralpen.

In *Feltre*, einem Städtchen, das seinen historischen Kern aus dem 16. Jahrhundert nahezu intakt erhalten konnte, verführt die Via Mezzaterra mit ihren alten Gebäuden und Portalen zu einem Bummel durch die vergangenen Jahrhunderte.

Die Heimat des Grappas. In *Maser* errichtete Palladio 1560 die Prachtvilla Barbaro; die Fresken von Paolo Veronese gehören zu den schönsten des Künstlers. In der Nähe liegt *Asolo*, wo im 15. Jahrhundert Caterina Cornaro Hof hielt, die Ex-Königin von Zypern, die aus politischen Gründen ihren Mann vergiftet hatte.

Nahe Asolo verweist der Monte Grappa auf den Grappa, der in den Destillerien von *Bassano del Grappa* produziert wird. Bassano und Trient sind über eine Straße verbunden, die durch das *Val Sugana* führt. Von Castel Telvana bei Borgo Valsugana aus schweift der Blick Richtung Trient, wo die Rundfahrt an ihren Ausgangspunkt zurückkehrt.

Strahlende Repräsenta-
tionsbauten wie die Villa
Scotti Pasini in Asolo
oben leistete sich jede
Adelsfamilie, die das
nötige Geld besaß. Diese
Villen zeugen heute von
der vielleicht glanzvolls-
ten Epoche der italieni-
schen Neuzeit.
Die Heimat des spritzi-
gen Prosecco: Valdobbia-
dene. unten
Arkaden und Bogengän-
ge liebt man besonders
in Norditalien, wie hier
in Treviso. links

Planen und erleben ...

In der einstigen k.u.k. Hafenstadt Triest erinnert viel an die österreichische Zeit. oben
Der Ponte Nuovo überbrückt in Verona die Etsch aus den Alpen. Mitte
Prächtige Kulisse: der Markusplatz in Venedig im abendlichen Glanz. unten

DIE HIGHLIGHTS

Trient

Trient, italienisch Trento, ist die kunsthistorisch interessanteste Ortschaft des Trentino. Von den glorreichen Zeiten, als Trient von den einflussreichen Fürstbischöfen regiert wurde, zeugen zahlreiche Gebäude aus Renaissance und Barock sowie das Castello del Buonconsiglio, das auf eine bewegte Geschichte zurückblickt. Am schönsten ist es in Trient aber sicherlich auf der Piazza del Duomo, die umstellt ist von uralten Häusern und zinnenbekränzten Wehrtürmen. Bei einem Bummel zeugen die mit Wandmalereien verzierten Bürgerhäuser vom einstigen Reichtum der Stadt. Man achte auf die wechselnden Kunstausstellungen im Schloss und besuche auch das Museo Provinciale: Die hier gezeigten Holzschnitzereien sind Meisterwerke der norditalienischen Renaissancekunst.

Gardasee

Empfehlenswert ist eine Rundfahrt mit dem Schiff über den See und mit dem Wagen an den beiden Seeuferstraßen entlang. Eine Kaffee- oder Cappuccinopause empfiehlt sich im malerischen Malcesine oder in Limone. Unbedingt besuchen sollte man die Reste der römischen Villa am Kap von Sirmione. Auch eine Bootsfahrt am Westufer bei Salò und der Besuch der eigenwilligen Villa des Dichters Gabriele D'Annunzio gehören zum absoluten Muss.

Verona

Veronas Stadtbild gehört zu den schönsten, intaktesten und gepflegtesten ganz Italiens. Tagsüber sollte man sich treiben lassen und abends, falls man im Juli oder August dort ist, eine der Opernvorstellungen in der 15 000 Menschen fassenden römischen Arena gönnen. Lohnenswert ist auch die Besichtigung des Kunstmuseums im Castelvecchio sowie der romanischen Kirche San Zeno Maggiore. Im Kreuzgang der Kirche San Francesco al Corso sollen sich Romeo und Julia vermählt haben, und hier findet sich auch das Grab der jungen Dame. Der berühmte Balkon hingegen, unter dem man zu jeder Uhrzeit Gruppen von knipsenden Japanern finden kann, ist nicht authentisch.

Vicenza

Eine kleine und elegante Stadt, deren historisches Zentrum Andrea Palladio prägte. Interessant ist das Teatro Olimpico, ein Theater ganz aus Holz und Stuck von 1580. Über die Malerei der norditalienischen Renaissance kann man sich im Museo Civico informieren; beim Shoppingbummel über den Corso Palladio sollte man jedoch nicht nur auf die Geschäfte achten: Die lange Straße besteht aus wunderschönen Palästen. Rasten muss man einfach auf der vornehmen Piazza dei Signori.

Padua – Brentakanal

In der Basilica del Santo betet man zum heiligen Antonius, der Verlorenes wiederbringen soll. Die Kirche ist ein Meisterwerk des romanisch-gotischen Stils und im Lauf der Jahrhunderte mit beachtenswerten Kunstwerken ausgeschmückt worden. Nach der Besichtigungstour kann man sich dann erst einmal im restaurierten Caffè Pedrocchi ausruhen: Das neoklassizistische Kaffeehaus ist der schickste Treffpunkt der Paduaner. In der Nähe von Padua liegt der Brentakanal, der nach Venedig führt. An sei-

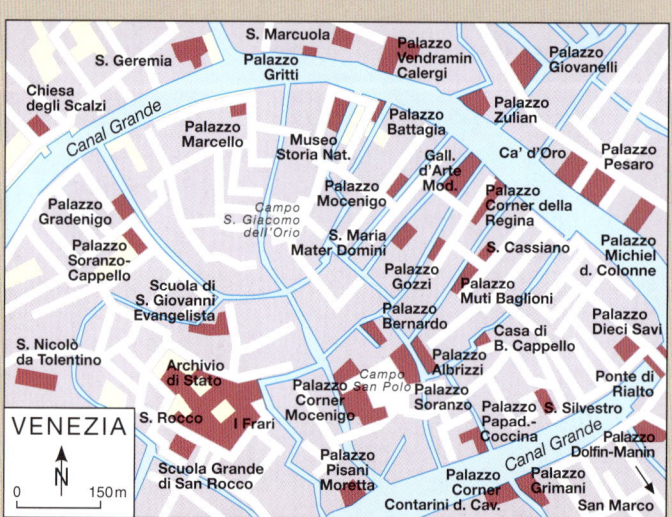

Die andere Seite der Lagune

Wenn man mehr von Venedig sehen will als der Tagestourist, nehme man sich ein Vaporetto und lasse sich in die Lagune fahren: etwa zum Lido, wo Thomas Mann den »Tod in Venedig« schrieb und im wunderschönen »Hôtel des Bains« wohnte – ein Luxushotel, das einen Besuch lohnt, auch wenn man nicht das nötige Kleingeld hat, um dort übernachten zu können. Die Strände des Lido gehören zu den elegantesten und gepflegtesten Italiens. Besonders malerisch ist es auch auf der Insel Burano, deren kleine Häuser farbenfroh bemalt sind. Während man sich auf Murano auf die Herstellung von Glaskunst und -kitsch spezialisiert hat, bieten die Bewohner von Burano ihre meisterhaften Klöppelarbeiten feil. Verträumt präsentiert sich noch Torcello: Von dem lebhaften Ort, der seit dem 14. Jahrhundert kontinuierlich verfiel, ist lediglich eine phantastische spätantike Kirche mit byzantinischen Mosaiken geblieben; in dem Gotteshaus steht auch jener Thron, auf dem Hunnenfürst Attila gesessen haben soll. In der berühmten »Locanda Cipriani« sollte man zumindest Pasta bestellen; hier aß und wohnte auch schon Ernest Hemingway.

nen Ufern erheben sich zu beiden Seiten die barocken Residenzen des venezianischen Adels; einige dieser »Villen« sind heute verstaatlicht und besitzen riesige Parkanlagen.

Venedig

Die Lagunenstadt lockt vor allem in den Sommermonaten viel mehr Besucher an, als sie letztlich verkraften kann. Am besten stattet man daher der Stadt frühmorgens oder abends einen Besuch ab – oder nimmt sich, was noch besser ist, ein Hotelzimmer auf der Giudeccainsel, idealerweise mit Blick auf den Markusplatz. Besonders schön ist ein nächtlicher Spaziergang durch die zauberhafteste Stadt der Welt. Man sollte sich einfach treiben lassen und den Stadtplan im Hotel vergessen: So entdeckt man am leichtesten traumhaft romantische Ecken. Die an den Markusplatz angrenzenden Gebäude bieten das ganze Jahr über interessante Wechselausstellungen zu

alter und moderner Kunst, und alle zwei Jahre zeigen Gegenwartskünstler in den städtischen Gärten und im Arsenale auf der »Biennale« ihre neuesten Werke und Provokationen. Ausflüge mit dem Boot kann man auf die Inseln Burano, Murano und Torcello machen. Ein weiterer Tipp: Falls möglich, bleibe man nicht nur einen Tag in Venedig. Man benötigt für diese Stadt schon ein wenig mehr Zeit.

Ravenna

Glanzpunkte der Kunstgeschichte sind San Vitale, das Mausoleum der Galla Placidia, das Baptisterium sowie Sant'Apollinare Nuovo und Sant'Apollinare, denn in diesen Kirchen und Kapellen finden sich die schönsten spätrömischen Fresken Italiens: Sie spiegeln die orientalische Pracht wider, die am Hof von Byzanz herrschte. Die großen, frühchristlichen Kirchen stehen teilweise einsam und malerisch in der Landschaft. Von der

Größe der ehemaligen Kaiserstadt Ravenna ist jedoch ansonsten gar nichts mehr übrig geblieben.

Triest

Eine italienische Stadt mit österreichischem Flair, gemütlichen Kaffeehäusern und Konditoreien, die die sonst in Italien leider seltenen Torten backen. Vom Turm der Basilica di San Giusto hat man bei klarem Wetter einen atemberaubenden Blick auf die Stadt, das Meer und die karstigen Hügel des Umlandes. In Acht nehmen sollte man sich vor der »Bora«, einem mehr als heftigen Wind, der schon so manchen Baum umgeworfen hat.

TIPPS FÜR UNTERWEGS

Am schönsten ist es, von Trient aus über die kleinen Straßen zum Gardasee zu fahren. Unbedingt aufpassen muss man auf der Autobahn zwischen Verona und Padua: Sie nimmt bei Unfällen einen Spitzenplatz in Italien ein.

Souvenirs

Probieren sollte man möglichst alle Weine, die man auf dieser Route antrifft: in Südtirol einen Gewürztraminer, einen Terlaner oder einen Lagrein-Kretzer, in Venetien den erfrischenden Prosecco, den roten Bardolino und den leichten Valpolicella und im Friaul die Weine der Colli Friulani und den leichten Verduzzo. Die Winzer sind ausländische Besucher gewohnt. Als Mitbringsel eignen sich die zum Teil sehr hübschen Glasblaskunst-Stücke aus Murano; eine Spezialität aus Trento sind die Kleidungsstücke aus »lana cotta« (gekochter Wolle).

Entfernungen

km		
	Trient	805
	150 km	
150	Verona	657
	90 km	
240	Padua	567
	37 km	
277	Venedig	530
	150 km	
427	Triest	380
	74 km	
500	Udine	305
	215 km	
715	Bassano del Grappa	90
	56 km	
770	Borgo Valsugana	35
	35 km	
805	Trient	km

Von der fürstbischöflichen Zeit Trients erzählen die Bürgerhäuser am Domplatz. oben

Route **2**
Vom Aostatal an den Lago Maggiore

Durch das Piemont über die Riviera nach Ligurien und via Mailand an die großen lombardischen Seen: Die zuweilen schroffen nordisch-alpinen Gefilde werden von Stränden und Ufern voll südlicher Heiterkeit abgelöst.

Eine unwirtlich schroffe und doch majestätische Fels- und Gletscherwelt bestimmt den Nationalpark Gran Paradiso in den hohen Lagen des Aostatals.

41

Raue Berge und liebliche Gestade

Wo Italien am schweizerischsten ist und die Riviera am italienischsten, wo die edlen Trüffel gedeihen und der Städtebau die bizarrsten Blüten treibt, wo man die so weiche Sprache mit dem härtesten Akzent spricht, da gilt es viel Widersprüchliches zu verarbeiten: Doch die Ecken und Kanten wirken hier harmonisierend und runden das Bild dieser Landschaft ab.

Trüffel sind nicht die einzige Kostbarkeit, die das westliche Oberitalien zu bieten hat; daneben laden auch herrliche Natur und blühende Städte zu einem Besuch ein.

Erblickt man am italienischen Ende des Großen-Sankt-Bernhard- oder des Montblanc-Tunnels das Licht der Welt wieder, so landet man direkt im *Aostatal*, das von enormen Bergen erdrückt zu werden scheint. Mit dem Tourismus und der A5 Richtung Turin ist aus dem einstmals so stillen und weltabgeschiedenen Tal eine der meistbesuchten Regionen Norditaliens geworden. Doch wer steile Bergstraßen und lange Wanderwege liebt, wird auch hier noch urtümliche Dörfer finden. Hauptort des Tals ist *Aosta*, umgeben von einer grandiosen Bergwelt. Das Stadtbild wird durch einen Triumphbogen des Augustus', der der Stadt auch den Namen gab, römische Ruinen und mittelalterliche Kirchen geprägt. Die Atmosphäre ist die eines ehemaligen Bergortes, der heutzutage in der Hauptsache vom Tourismus lebt. Echte italienische Stimmung will allerdings nicht recht aufkommen: Die Bewohner der heute autonomen Region Aosta fühlen sich den Franzosen verwandter als den Italienern. In einigen Weilern, die – typisch für das Aostatal – aus steingedeckten Häusern bestehen, wird sogar immer noch ein provençalischer Dialekt gesprochen: ein Hinweis darauf, dass im Mittelalter Angehörige der Waldenser-Bruderschaft aus Südfrankreich in das wilde Tal kamen, um hier, unbehelligt von den Kreuzrittern und Inquisitoren, ihren der Kirche nicht genehmen Glauben leben zu können. Rechts der Autobahn erhebt sich das *Castello di Fenis*, der Prototyp einer Burg, der für das Tal typisch ist. Mondän geht es in *Saint-Vincent* zu, wo im 18. Jahrhundert der Abt Jean-Baptiste Perret eine Heilwasserquelle anstach und das Örtchen damit berühmt machte; seit Kriegsende gibt sich hier nun bevorzugt die High Society Turins ein Stelldichein.

Daran, dass das auf halber Strecke nach Turin gelegene *Ivrea* einmal Eporedia hieß und eine römische Kolonie war, erinnert heute so gut wie nichts mehr; berühmt ist Ivrea eigentlich nur deshalb, weil ein gewisser Camillo Olivetti hier 1908 einen inzwischen international bekannten Büromaschinenkonzern gründete.

Wallfahrtsort für Gläubige und Autofans.

Den vielleicht schönsten Blick auf die ehemalige Königsstadt Turin am Po hat man von der Terrasse vor der Basilica di Superga aus: Dieses barocke Gotteshaus thront wie eine Käseglocke in 670 Meter Meereshöhe über der Stadt. Um hierher zu gelangen, empfiehlt es sich, die Autobahn bei Chivasso zu verlassen und über die Landstraße Richtung Turin weiterzufahren; hinter Gassino führt dann eine Straße zur Superga hinauf.

Valtournanche im Aosta-
tal: Ortsnamen wie die-
ser verraten die unmittel-
bare Nähe zur französi-
schen Sprachgemein-
schaft.

Turin ist eine eigenartige Stadt: von italienischem Flair keine Spur. Die Architektur wirkt eher abweisend, ja sie erinnert sogar an das nahe Frankreich. Das Herrscherhaus von Savoyen hat Turin mit beachtenswerten Bauwerken ausgestattet, und auch wenn seit Beginn des 20. Jahrhunderts so manches historische Gebäude skrupellos abgerissen wurde, zeugen doch immer noch genügend barocke Straßenzüge und Stadtviertel, der Palazzo Madama mit seiner wunderbaren Gemäldesammlung, das Schloss sowie die römischen Relikte von der einstigen Größe und Schönheit dieser Stadt.

Im Turiner Dom wird das ob seiner Echtheit umstrittene Turiner Grabtuch – angeblich das Leichentuch Jesu Christi – aufbewahrt und alle paar Jahre der Öffentlichkeit gezeigt. Für Autonarren ist ein Besuch im gigantischen Lingotto, Turins heutigem Kongresszentrum, interessant: Wo früher die Familie Agnelli auf dem Dach die neuen Modelle ihres Autohauses probefahren ließ, wird heute Musik und Theater gespielt, und wer das Automobilmuseum aufsucht, kann die historischen Fiat-Modelle sehen. Das Ägyptische Museum von Turin gehört neben dem Louvre in Paris zum reichsten dieser Art in ganz Europa – nur in Kairo gibt es noch mehr Mumien. Turin ist von einem Kranz königlicher Villen und Paläste umgeben: 10 Kilometer südwestlich beispielsweise prunkt das Jagdschloss Stupinigi im prächtigsten Rokoko mit zahllosen Sälen und Korridoren; Filippo Juvarra, Hofarchitekt der Familie Savoyen, baute ab 1729 an diesem prächtigen Jagdschloss.

Gaumenfreuden und Augenschmaus. Von Turin aus empfehlen sich zwei Routen an die Riviera: Die eine führt über Cuneo und den Colle di Tenda, der durch einen Tunnel Italien und Frankreich verbindet, ein kurzes Stück durch Frankreich hinab ans Meer; die zweite jedoch, die in Italien bleibt, ist die landschaftlich und kulturell reizvollere. Ihre erste Station ist Alba, wo

»Ich kann mir so etwas wie Genua nicht in Ruinen vorstellen. So massive Gewölbe, so gewichtige Fundamente wie diese, die solch breit ausladende Bauwerke tragen, haben wir selten gesehen, und sicherlich könnten die großen Steinblöcke, aus denen diese Häuser erbaut sind, niemals verfallen ...«

Mark Twain, Gedanken zu Genua, 1888

Die Hügellandschaft der Langhe bei Alba rechts und die Wolken vom Gipfel des Gran Paradiso aus. oben Die Hanbury-Gärten bei Ventimiglia. Mitte
Dass die Italiener schon seit den Anfängen ihrer Kultur eine Seefahrernation waren, erfährt man im Schifffahrtsmuseum von Imperia. unten

SCHWEIZ

St. Gotthard

Montreux

Lac Léman

Genève

Matterhorn
4478 m

Locarno

Lago di
Como

Lago Maggiore

Luino   Lugano
Ponte Tresa   Tremezzo
Bellagio

Morcote

Lecco

Mont Blanc
4807 m

San Bernardino

Varese

Como

Bergamo

Fenis

St. Vincent

Isola Bella ★

Lago d.
Varese

Aosta

Albertville

Ivrea

Milano/
Mailand

Novara

Pavia

Po

Piacenza

Torino/Turin

Asti

Briançon

Alba

FRANKREICH

Bossolasco

Cuneo

Ceva

Genova/
Genua

Rapallo

Savona

Cinque Terre

La Spezia

Noli

Colle di
Tenda

Ormea

Pieve
di Teco   Albenga

Ligurisches

Meer

Digne-
les-Bains

Triora

Pigna

Imperia

N

Ventimiglia

San Remo

0   25 km

Nice/Nizza   Monte-Carlo
MONACO

Feinschmecker voll auf ihre Kosten kommen werden – denn in der Umgebung des
Städtchens mit seinem mittelalterlichen
Stadtkern, den Türmen und barocken Kirchen schnüffeln Schweine und Hunde
nach den weißen Trüffeln von Alba. Zu
Gerichten mit dem Edelpilz sollte man die
ausgezeichneten Weine aus dem Anbaugebiet der Langhe – sie gehören zu den
besten Italiens – verkosten.
Weiter geht es ins kleine Benevello und
von dort über Bossolasco ins pittoreske

Wechselhaftes Panora-
ma: Nesso am Comer
See. links

Ceva mit seinen alten Bogengängen und Arkaden. Das nahe *Ormea* erhielt seinen Namen von der »olme« – jener Ulme, die das Dorf im Tal des Tanaro dominiert. Die Straße schlängelt sich weiter durch die Täler bis *Pieve di Teco*, das seinen Ortscharakter aus dem 14. Jahrhundert fast vollkommen beibehalten hat.

Über Serpentinen und schöne Aussichtspunkte geht es nach *Triora*, wo rund vierhundert Einwohner zwischen den Resten von fünf Burgen und sieben Toren leben. Weiter windet sich die Straße bis auf 1127 Meter Höhe hinauf nach *Pigna*, dessen enge Gassen, zahlreiche Bogengänge und uralte Häuser einer anderen Zeit zu entspringen erscheinen. Danach wechselt die landschaftliche Szenerie radikal: Die Straße führt hinab an die Riviera.

Die Schöne des Mittelmeers. »La Riviera« ist ein wahres Paradies für Reisende, die südliche Atmosphäre mit ausgeglichenem und mildem Klima, traditionelle Seebäder und beeindruckende Grandhotels suchen, leichte Fischküche und kleine Buchten lieben und sich vom Flair romantischer Hafenorte verführen lassen wollen. *Ventimiglia* etwa, wo man den Park der Giardini Hanbury besuchen sollte, ist der ideale Ausgangspunkt für Ausflüge an die Côte d'Azur, nach Menton, Monte Carlo und Nizza.

Der römische Zensor Aurelius Cotta ließ um 241 v. Chr. entlang der Küste Etruriens von Rom bis Cosa eine Straße anlegen, die rund hundert Jahre später bis Pisa ausgebaut wurde. Von dort führte die sogenannte Via Aurelia nach Genua und Nizza, später auch weiter nach Nîmes, Narbonne und Toulouse und sogar bis nach Cartagena – also fast eine Autobahn der Antike! Heute heißt diese Straße so schlicht wie prägnant N1 und beginnt, wenn man von Frankreich kommt, in *San Remo*. Bekannt durch seine Blumenfelder und sein populäres Schlagerfestival, verfügt dieses Städtchen am Meer über all das italienische Flair, das der Norden vermissen lässt: ein Flair, von dem in der Vergangenheit reiche Engländer, Aristokraten und Literaten angezogen wurden. Besuchenswert ist »la Pigna«, die historische Altstadt, die sich den Abhang hinaufzieht. Vom Santuario della Madonna della

Hier fahren die Fischer nicht nur für die Touristen hinaus – sie leben noch davon. oben

Ligurien lockt mit herrlichen Küstenabschnitten und kleinen, hübschen Ortschaften. Mitte und rechts

Die Küstenstraßen an der Riviera erfordern fahrerisches Können und erhöhte Aufmerksamkeit. unten

Costa aus hat man bei klarem Wetter einen wahrhaft atemberaubenden Blick auf die Riviera.

Achtundzwanzig Kilometer östlich von San Remo lockt das doppelgesichtige *Imperia*. Diese Kleinstadt hat zwei Häfen, zwei Stadtteile – nämlich Porto Maurizio und Oneglia – und zwei verschiedene Entstehungsgeschichten zu bieten; erst im Jahr 1923 wurden die beiden bis dahin eigenständigen Ortschaften zu einer einzigen Stadt vereinigt. Porto Maurizio war an den Hängen eines am Meer gelegenen Hügels entstanden, während Oneglia sich am Ufer des Flusses Impero entwickelt hatte.

Albenga, rund 30 Kilometer weiter östlich, war in der Antike und im Mittelalter eine Hafenstadt und verfügt über ein nahezu intaktes historisches Stadtzentrum. Im Lauf der Zeit zog sich das Wasser jedoch immer weiter zurück, und die Stadt wurde vom Meer abgetrennt. Albenga gilt als eine der schönsten und architektonisch interessantesten Ortschaften der Riviera; Dom und Baptisterium sind frühchristlichen Ursprungs.

Auch *Noli*, das auf dem Weg nach Savona liegt und um eine Burg entstanden ist, hat sein altes Stadtbild nicht verloren und verfügt mit San Paragorio über eine der schönsten mittelalterlichen Kirchen der ganzen Riviera. Die Straße passiert kleine und malerisch gelegene Ortschaften und erreicht *Savona*, eine quirlige Stadt mit einem Dom, einer Pinakothek und diversen Renaissance- und Barockpalästen.

Fortsetzung Seite 52

San Remo eilt nicht zu Unrecht der Ruf einer Blumenkönigin voraus. oben

Zeugen verblassten Glanzes: Genua, einstmals die Perle der italienischen Riviera, lässt an der Piazza di Ferrari eine stolze Vergangenheit ahnen. Mitte

Es müssen nicht immer Sandstrände sein: Camogli in der Nähe der Hafenstadt Genua.

Cinque Terre: Wo die Uhren noch langsam gehen

Die Cinque Terre (»fünf Länder«) in Ligurien, die an der Küste wie Perlen an einer Kette aufgereiht sind, setzen sich aus den Orten Monterosso al Mare, Riomaggiore, Vernazza, Corniglia und Manarola zusammen. Ihre geographische Isolation war zwar in der Vergangenheit der Grund für die chronische Armut der Cinque Terre – aber auch eine Garantie für ihre Sicherheit, denn es war fast unmöglich, sie vom Festland aus zu erobern. Die Cinque Terre sind vor allem vom Meer aus malerisch: Man sollte deshalb ein kleines Boot mieten oder an Bord eines der Ausflugsschiffe gehen und die Küste entlangfahren. Zwischen Monterosso al Mare und Riomaggiore sieht man die fünf kleinen, verwinkelten Ortschaften aus bunt angestrichenen Häusern, die dicht gedrängt auf den Felsen direkt am und über dem Meer kleben. Dass auf der Via Aurelia oberhalb dieser Ortschaften ein infernalischer Verkehr tobt, merkt man auf einem Boot nicht. Die Cinque Terre präsentieren sich vielmehr so wie in früheren Zeiten, als ihre Bewohner noch nicht hauptsächlich vom Tourismus lebten und auf manche Bequemlichkeit verzichten mussten.

Wenn man mit dem Wagen unterwegs ist, muss man sich genau überlegen, in welchem Ort man parken will: Das Umkehren auf der Aurelia ist kein Zuckerschlecken, und auch die neue Straße, die die fünf Ortschaften verbindet, welche jeweils über abzweigende, extrem steile Stichstraßen erreicht werden können, ist nichts für ungeübte Autofahrer; am besten ist es da in jedem Fall, den Wagen stehen zu lassen. Zu Fuß sind beispielsweise Manarola und Riomaggiore über den so genannten Via dell'Amore, den Liebesweg, zu erwandern. Dieser Wanderpfad, der seinen Anfang beim Bahnhof von Manarola nimmt,

Ein Boot schöner als das andere: im Hafen von Portofino. unten

führt über Felsen und hoch über dem Meer an der Küste entlang und ist besonders abends bei Sonnenuntergang romantisch und nicht nur Liebespaaren zu empfehlen. Im Sommer ist man hier selbst in der Nacht nicht unter sich: Da junge Paare in Italien so gut wie nie allein sein können, nutzen sie natürlich besonders gern den dunklen Wanderweg. Wer erleben möchte, wie es in früheren Zeiten in den Cinque Terre zuging, muss

Das Gold der Cinque Terre

Während man am Meer vom Fischfang lebt, wird oberhalb der Ortschaften seit der Römerzeit Wein angebaut – und das unter großen Mühen, wie ein Blick vom Meer auf die steilen Berghänge mit ihren Hunderten von Anbauterrassen erahnen lässt. Der wohl beste Tropfen dieser spröden Landschaft ist der »Sciachetra«, ein extrem trockener Wein von goldener Farbe. Man sollte den freundlichen Ladenbesitzern in den Cinque Terre nicht trauen, wenn sie Sciachetra zu astronomischen Preisen anbieten: Meistens handelt es sich dabei um drittklassige Ware, die mit dem echten edlen Tropfen nichts gemein hat. So muss man also auf die Suche nach jenen wenigen Winzern gehen, die weder Mühen noch Kosten scheuen, diesen heute selten gewordenen Wein anzubauen.

beispielsweise am frühen Abend nach Riomaggiore kommen. Wenn man den steil abfallenden Weg zum Minihafen gefunden hat – die hohen, schlanken und teils rot angestrichenen Häuser ragen hier wie Felswände in die Höhe –, dann kann man miterleben, wie Fischer aufs Meer hinausfahren. In der Regel geschieht das zu einer Uhrzeit, in der die Busladungen von Tagestouristen schon wieder weggefahren sind und die Cinque Terre langsam zur Ruhe kommen. Auf dem offenen Meer zünden die Fischer dann Laternen an, so dass man bei leichtem Seegang den Eindruck gewinnt, auf dem Meer würden glitzernde Sterne schwimmen.

In den Cinque Terre oben bei Vernazza findet man noch heute jenes romantische Italien, das zu suchen die ersten deutschen Touristen in den fünfziger Jahren aufgebrochen waren. Liebhaber von Fischen und Schiffen kommen an der ligurischen Küste auf ihre Kosten. unten

Zwischen Bausünden und Idylle. Richtig großstädtisch wird es erst wieder in *Genua*. Die meisten neuen Viertel dieser Stadt mit fast einer Million Einwohnern kleben an zum Teil steil aus dem Meer aufragenden Felsen und Bergen. Wer selber sehen will, wie die Küstenstadt mit Platzproblemen alle erklimmbaren Felsen und Hügel hinaufwächst und welche Bausünden dabei begangen wurden und werden, der sollte die A12 nehmen, die bei Genua zur Stadtautobahn wird: Nach jedem weiteren Tunnel wird er nur noch entsetzter den Kopf schüt-teln über die Zerstörung einer früher wahrlich traumhaften Landschaft. Von Genuas großartiger Vergangenheit als reiche und mächtige Seerepublik zeugen heutzutage nur noch das barocke Stadtzentrum und das, so behaupten jedenfalls die Genuesen, umfangreichste mittelalterliche Straßengewirr von ganz Europa.

Die Via Aurelia schlängelt sich von Genua aus zu einem Abstecher nach Süden immer an der Küste entlang nach *La Spezia*, vorbei an den pittoresken *Cinque Terre* – fünf Ortschaften, die auch heute noch am besten zu Fuß besucht werden: Autos haben wegen der engen und steilen Straßen hier eigentlich nichts verloren. Am schönsten ist vielleicht Vernazza – der Ort wirkt mit seinen hohen und bunten Häusern, die eng aneinander geschmiegt über einer Minibucht zusammenstehen, vom Meer aus wie ein lustiges Spielzeugdorf.

Bergamo bereitet sich auf eine romantische Sommernacht vor. oben
Die Cafés und Geschäfte im modisch-reservierten Mailand lassen zuweilen vergessen, dass man in Italien ist: Französisches Flair ist angesagt – es scheint fast, als wolle man auch hierin den Alta-Moda-Konkurrenten Paris herausfordern.
Mitte und unten

Zwischen der Mittelmeermetropole Genua und der gen Norden im Landesinnern gelegenen backsteinroten Kleinstadt *Pavia* liegen nur 125 Kilometer, auf denen die Landschaft ihr Gesicht radikal verändert. Die Provinz Pavia ist Weinliebhabern gut bekannt: Hier werden der Barbera gekeltert, der Moscato, der Pinot Nero und ein spritziger Riesling Spumante. Die Stadt Pavia strotzt nur so vor mittelalterlichen Monumenten: San Pietro in Ciel d'Oro mit dem Grab des heiligen Augustinus, das Castello Visconteo und San Michele demonstrieren, welch große Bedeutung es ab dem 10. Jahrhundert hatte.

Unweit der Stadt findet sich auch die berühmte Certosa di Pavia, eine der mächtigsten Kartausen Italiens: Gian Galeazzo

Die Blumenriviera

Von der Riviera kamen in den fünfziger Jahren
die Schnittblumen nach Deutschland. Noch
heute fallen die riesigen Plastikplanen an den
Hängen auf, unter denen Millionen von Blumen
wachsen. Die Blumenriviera und ihr Hauptort
San Remo, der jeden Sommer mit seinem üppigen Blumenschmuck wie ein botanischer Garten
wirkt, ist aber nicht nur wegen ihrer fleißigen
Gärtner ein Begriff: Sie ist, wie auch die benachbarte Côte d'Azur, seit Ende des 19. Jahrhunderts
das bevorzugte Reiseziel von VIPs aller Art.
Aristokraten, Künstler und Intellektuelle genos-
sen hier in den Grandhotels die milden Jahres-
zeiten. Noch heute finden sich zahlreiche prächtige Hotels aus dieser Belle Époque.

Großstädtischer Chic
gehört ebenso zum
Stadtbild Mailands wie
der Arco della Pace.
oben und links
Ein Handtuch sollte
noch Platz haben: Son-
nenhungrige. unten
Traumkulisse für Genera-
tionen von Opernsän-
gern: die Mailänder
Scala. großes Bild

Berge und Seen bestimmen immer wieder das Gesicht der Landschaft – so auch am Luganer See, den sich Italien mit der Schweiz teilen muss oben, und im Aostatal mit seiner wilden Natur. Mitte

Visconti, Herr über Mailand, gründete im Jahr 1396 diese gigantische Anlage, deren Fassade ein Meisterwerk der Marmorkunst des 15. Jahrhunderts ist.

Das Paradies der Seen. Über das großstädtische und städtebaulich eher unattraktive *Mailand*, die Hauptstadt der Mode, geht es weiter nach *Bergamo*. Hier ist die kunsthistorische Welt wieder in Ordnung: »Bergamo alta«, also die Oberstadt, präsentiert sich so, wie man es von einer italienischen Stadt erwartet – mit vielen prächtigen Kirchen und Palästen, Bürgerhäusern und einladenden Plätzen. Perlen Bergamos sind die mittelalterliche Kirche Santa

Maria Maggiore, die Renaissancekapelle Colleoni und die 1600 Gemälde umfassende Pinacoteca dell'Accademia Carrara, die eine der schönsten Sammlungen von Norditalien birgt.

Lecco liegt eingezwängt zwischen den östlichsten Ausläufern des *Comer Sees* und bis zu 1500 Meter hohen Bergrücken, und hier nimmt die schöne Uferstraße um den See ihren Anfang, die durch *Bellagio* mit seinen malerisch am See gelegenen Villen Serbelloni und Melzi und nach *Como* führt. Das Erscheinungsbild dieser Stadt ist eine spannende Mischung aus alten und modernen Bauten; die Casa del Fascio beispielsweise, das heute als historisches

Monument geschützte ehemalige Partei-
zentrum der Faschisten von Como,
erinnert an den Bauhaus-Stil.
Einen Abstecher über die Uferstraße ist
Tremezzo wert, denn dort erhebt sich auch
direkt am See die barocke Villa Carlotta. In
Varese lebt ein Großteil der Bevölkerung
von der Schuhproduktion; im 18. Jahrhundert verbrachten Mailänder Aristokraten
hier in ihren Villen die Sommerfrische.
Von der alten Pracht der Stadt zeugt noch
der spätbarocke Palazzo Estense, doch
Vareses Stadtzentrum ist von Mussolini
mit Neubauten verschandelt worden. Ganz
in der Nähe lockt der *Luganer See*, den
man von dem kleinen Hafen Porto Ceresio

aus per Schiff überqueren kann – und
schon ist man auf Schweizer Boden im
Tessiner Örtchen *Morcote*.
Über das Valganna-Tal, vorbei an bis zu
2000 Meter hoch aufsteigenden Bergen,
erreicht man *Ponte Tresa*: Von hier lässt
sich eine große Rundfahrt über den Lago
di Lugano unternehmen; von Ponte Tresa
nach *Luino* am *Lago Maggiore* ist es nur ein
Katzensprung. Dieser in der Hochsaison
und vor allem an Markttagen stark von
Touristen frequentierte Ort ist der ideale
Ausgangspunkt für einen Ausflug zu den
phantastischen Gärten und Palästen der
Borromäischen Inseln – zum Beispiel der
Isola Bella im Lago Maggiore.

Das Alltagsleben in der
Bergwelt kann manchmal
hart sein: Der Landwirt-
schaft – die hier noch oft
ohne Maschinen aus-
kommen muss – hat
schon so manches
Unwetter einen bösen
Streich gespielt. oben
Kletterparadies Ligurien.
unten, bei Finale Ligure
Der norditalienische
Lago Maggiore strahlt
schon viel südliche Hei-
terkeit aus. Mitte

Planen und erleben ...

DIE HIGHLIGHTS

Aostatal

Der für italienische Ohren exotische Dialekt der Einwohner dieses jenseits der stark frequentierten Talebene noch stillen und teilweise wildromantischen Tals ist ein eindeutiger Hinweis auf die kulturelle Verbundenheit mit dem nahen Frankreich. Das Gleiche gilt auch für die Küche: Viele Gerichte haben französische Namen. Das Kapital des Tals ist die Natur der Bergwelt, in der man ein paar Tage ausspannen und Spaziergänge unternehmen sollte: Der Nationalpark Gran Paradiso mit seinen 70 000 Hektar Fläche ist für Italien erstaunlich gut ausgeschildert. Und wer Ski fahren möchte, sollte sich in Breuil-Cervinia auf 2000 Meter Höhe in einem Hotel einmieten.

Turin

Die alte Königsstadt der Piemontesen bietet ein fast schon französisches Stadtbild, denn viele Baumeister des Barocks orientierten sich am Stil des großen Nachbarn. Obwohl Turin im letzten Jahrhundert stark umgebaut worden ist, finden sich immer noch intakte barocke Stadtviertel. Für Autonarren unerlässlich ist ein Besuch im Automobilmuseum, während Kunstliebhaber in der Galleria Sabauda im Collegio dei Nobili auf ihre Kosten kommen; die neben dem Louvre schönste und reichste Sammlung altägyptischer Kunst und Mumien findet man im Museo Egizio. In der Nähe des Bahn-

hofs laden gemütliche Kaffeehäuser vom Ende des letzten Jahrhunderts mit roten Plüschsesseln, Spiegeln und köstlichen Torten zu einer Rast ein.

Alba

Nach Alba kommt man in der Regel zum Essen und Trinken. Die von Hunden und Schweinen erdufteten »tartufi bianchi« gelten als die besten der Welt. Zu einem Gericht mit diesen weißen Trüffeln empfiehlt sich ein Glas roter Barbaresco, Barbera oder auch Barolo – Namen, die Weinliebhaber schätzen. Südlich von Alba, im Hügelland der Langhe, werden die edlen Tropfen angebaut, und sozusagen an jeder Ecke locken Winzer mit Weinproben.

Die Riviera

In den 1950er-Jahren, als Italiener und Deutsche noch nicht so motorisiert waren wie heute, war es hier sicherlich angenehmer; schön sind die Perlen der Riviera, wie San Remo, Imperia und Ventimiglia, jedoch ohne Zweifel immer noch. Auf das »Pflichtprogramm« jedes Besuchers gehört auch ein Ausflug zu dem in einer malerischen Bucht gelegenen Ort Portofino und den Cinque Terre sowie eine Bootsfahrt entlang der Küste, bei der man ungestört davon träumen kann, Besitzer einer der zahllosen teuren Traumvillen zu sein, die sich auf den Felsen direkt am Meer erheben.

Alassio an der Riviera ist nicht so überlaufen wie Savona und San Remo. oben
Botanische Vielfalt in den Hanbury-Gärten bei Ventimiglia. Mitte
Wanderfreuden im Piemont. unten

Ein Volk von Autonarren

Turin ist eines der führenden Industriezentren Italiens, und so verwundert es nicht, dass sich hier auch die Autoindustrie mit dem Fiat-Konzern der Familie Agnelli vertreten findet. Aus- und inländische Automobilfans kommen – auch wenn sie sich nicht gleich einen Wagen zulegen – voll auf ihre Kosten, denn ein gut bestücktes Museum, in dem sämtliche Fiat-Modelle zu bewundern sind, lässt keine Wünsche offen.

Das Auto und der Autosport sind von jeher nationale Reliquien für die Italiener: Man liebt eben seinen Wagen mit fast zärtlicher Hingabe, und auf sein Aussehen wird ebenso viel Wert gelegt wie auf die eigene Kleidung. Wenn Fiat von Zeit zu Zeit ein neues Modell auf den Markt bringt, dann ist es für diejenigen, die es sich leisten können, ein absolutes Muss, dieses neue »Spielzeug« zu kaufen.

Der für die meisten ein Leben lang unerreichbare Mythos in Sachen Traumauto ist und bleibt jedoch »la rossa«, der rote Wagen von Ferrari. Es mag für den Nicht-Italiener übertrieben klingen, doch wer einen solchen Luxusschlitten sein eigen nennt, der klettert in der sozialen Rangleiter rasch ein gutes Stück nach oben.

Genua

Hier lockt das, so die Genuesen, größte mittelalterliche Stadtzentrum Europas. Doch man sollte auf Handtaschen und Kameras Acht geben: Die Kleinkriminalität ist – neben dem infernalischen Autoverkehr – die zweite üble Plage dieser Großstadt. Bei einem Bummel über die Via Garibaldi kann man die barocken Paläste erkunden, die sich wie edle Schmuckstücke aneinander reihen. Reizvoll ist natürlich auch der Besuch der Pinakothek und der Kunstgalerie, und im Palazzo Spinola finden sich neben barocken Gemälden auch prachtvolle und ausgemalte Säle.

Bergamo

Hier interessiert vor allem zunächst die alte Oberstadt, in der im 16. Jahrhundert die Kunst der Stegreifkomödie, der Commedia dell'arte, entstand. In der reich ausgestatteten Cappella Colleoni aus dem 15. Jahrhundert finden sich Fresken von Tiepolo, in der Unterstadt lockt eine der beeindruckendsten norditalienischen Gemäldegalerien, die Accademia Carrara. Und wenn man Krippen liebt, kommt man im Krippenmuseum des 8 Kilometer südwestlich von Bergamo gelegenen Städtchens Brembo auf seine Kosten: Dort sind 800 Exponate zu bestaunen.

Comer See – Como

Ein See mit malerischen Uferstraßen, in üppigen Gärten gelegenen Villen und gefährlichen Kurven, bei denen man höllisch aufpassen sollte, denn die Einheimischen rasen wie die Besessenen. Der Dom von Como ist eine der schönsten Renaissancekirchen Norditaliens; seine Wände zieren zahlreiche Wandteppiche aus dem 17. Jahrhundert. Möglichkeiten zum Ausruhen findet man am See im Garten der Villa Olmo, einige Kilometer nördlich von Como, oder in einer der direkt am Wasser gelegenen Trattorien.

TIPPS FÜR UNTERWEGS

Für Turin und Genua sollte man jeweils mindestens zwei Tage einplanen. Wem die Fußwege zwischen den einzelnen Sehenswürdigkeiten, den Kirchen, Palazzi, Museen und Galerien zu lang werden, der sollte sich ein Taxi leisten, oder – das ist in jedem Fall günstiger – auf die öffentlichen Verkehrsmittel umsteigen. Aber aufgepasst: Wer in Italien auf die Einhaltung von Fahrplänen hofft, wird eines Besseren belehrt werden. Die Riviera ist in der Regel stark befahren, weshalb man vorsichtig sein muss. Mit dem Parken könnte es bei Portofino und den Cinque Terre kompliziert werden: Am besten steigt man hier auf einen der Busse um, die zwischen den Orten verkehren.

Souvenirs

Nordwestitalien lockt mit deftigen Spezialitäten: zum Beispiel dem Fontina-Käse aus dem Aostatal. Den perlenden Sekt aus Asti sollte man in der Version »secco«, trocken, wählen: Sonst wird es zu süß. Den besten Gorgonzola findet man in der Lombardei, wo man auch den leckeren Taleggio-Käse kosten sollte. Bei den Rebenerzeugnissen sind der Chiaretto del Garda und der leichte weiße Trebbiano lobend hervorzuheben – und nicht zu vergessen die Weine der Cinque Terre: Sie sind etwas ganz Besonderes!

Wer seine Wohnung verschönern möchte, kann in Castelnuovo Don Bosco bei Turin Bambusprodukte aller Art erstehen.

Entfernungen

km		
km	**Aostatal/Aosta**	785
	66 km	
66	**Ivrea**	719
	59 km	
125	**Turin**	660
	95 km	
220	**Ceva**	565
	80 km	
300	**San Remo**	485
	95 km	
395	**Genua**	390
	80 km	
475	**Vernazza**	310
	200 km	
675	**Pavia**	110
	30 km	
705	**Mailand**	80
	40 km	
745	**Como**	40
	40 km	
785	**Luino**	km

Idyllischer Winkel in Bergamo. oben

Route 3

Von Mailand nach Loreto

Von der geschichtsträchtigen Lombardei über die großen alten Städte der Emilia-Romagna und das Urlaubsparadies der Adria in die Marken: Kulinarische Leckerbissen verwöhnen hier ebenso wie kunsthistorische Meisterwerke und ungetrübte Badefreuden.

Ein einzigartiges Exempel der italienischen Gotik stellt der Dom zu Mailand mit seinen unzähligen Streben, Türmchen und Pfeilern dar.

Kostbarkeiten aus Kultur und Küche

Hier wälzt sich der mächtige und allgegenwärtige Po träge durch sein Bett und durchquert den Stiefelschaft in seiner ganzen Breite, hier finden sich die Badeorte Schulter an Schulter aufgereiht an der Adria – wo in Italien Geschichte stattfand, spielten oft Gewässer eine große Rolle und schafften den nötigen Lebensraum: Schließlich bildete das Wasser die ersten Straßen und brach so dem römischen Eroberungswillen Bahn.

Das Gesicht der Universitätsstadt Bologna wird besonders stark durch die zahlreichen Studenten aus dem In- und Ausland geprägt.

Die antike Via Emilia von Piacenza nach Rimini gehört zu den geradesten Straßen Italiens und führt unter anderem durch das Feinschmeckerparadies von Italien, die Emilia-Romagna: Glaubt man den Gastrohistorikern, so ist die italienische Küche nirgendwo so reich und vielfältig wie in dieser Region, die zudem auch noch zahlreiche Leckerbissen für Kunstliebhaber zu bieten hat.

Ausgangspunkt der Route ist die Metropole *Mailand*, Kapitale der Lombardei, der Mode und Verlage. Das Gesicht der Millionenstadt hat sich in den letzten hundert Jahren vollständig verändert: Historische Gebäude wie die legendäre Scala und der Dom wirken heute wie Fremdkörper in einer Szenerie, die alle Entwicklungen des 20. Jahrhunderts getreu widerspiegelt. Südlich von Mailand liegt *Pavia* am Fluss Ticino – ein kleines, aber sehr feines Architekturjuwel: San Pietro in Ciel d'Oro und San Michele etwa sind Meisterwerke der romanischen Kunst. Die schnurgeraden Straßen und Gassen Pavias erinnern an die mathematisch genaue Anordnung der 49 »insulae«, der alten Viertel der römischen Stadt.

Durch die Poebene. *Piacenza*, der alte Handelsplatz am Po, verfügt noch immer über jenes historische Zentrum, dessen Straßenführung dem antiken Placentia entspricht. Die Gebäude Piacenzas wirken streng und wehrhaft; eindrucksvoll ist der Gotico, ein mächtiger Palast aus dem 13. Jahrhundert, vor dem die stolze Reiterstatue Alessandro Farneses steht – seine Sippe regierte bis 1731 die Stadt. Auf dem Weg nach Cremona liegt in der Poebene *Monticelli d'Ongina*, in dessen Renaissanceburg sich ein wunderbarer Freskenzyklus des Benedetto Bembo findet. Das benachbarte *Cremona* mit dem ovalen Stadtkern sollte Musikliebhabern ein Begriff sein, denn hier wurden Claudio Monteverdi und der Geigenbauer Antonio Stradivari geboren. Zentrum von Cremona ist die Piazza del Comune mit dem Torrazzo-Turm und dem Dom. Man sollte hier ein Opern- oder Fernglas bei sich tragen, um die Kunstwerke in luftiger Höhe erkennen zu können – etwa die Fassade des Doms aus dem 13. Jahrhundert.

Eldorado der Renaissance. Das einst unter den Gonzaga bedeutende *Mantua* war in der Renaissance eine Art zweites Rom: Hier arbeiteten »Stars« wie Raffael und Leonardo da Vinci. Der heute eher klassizistische Charakter der Innenstadt erinnert an die Österreicher, die in Mantua zwi-

Die Galleria in Mailand ist sicherlich europaweit eines der schönsten und zudem imposantesten Beispiele für eine Jugendstilpassage.

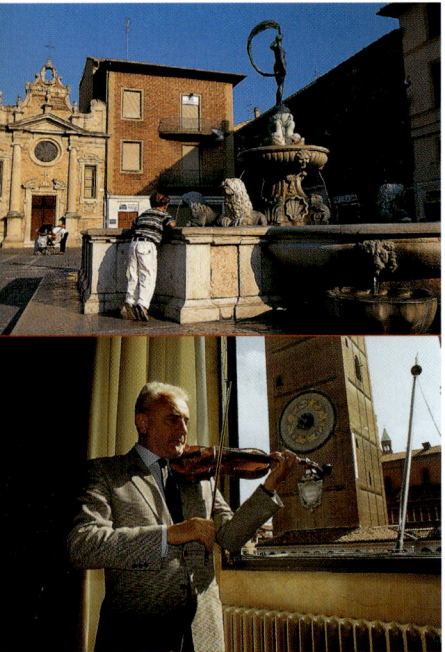

schen 1707 und 1866 das Sagen hatten. Obwohl das Stadtzentrum im 19. Jahrhundert stark umgebaut wurde, hat man die wichtigsten Gebäude nicht angetastet. Sehenswert ist im Palazzo Ducale die Camera degli Sposi, der Raum der Verheirateten: Er ist von Mantegna ausgemalt worden und wunderschön.

In Mantua sollte man mindestens einen Tag bleiben: Einige Spaziergänge sind nötig, will man auch nur einen Bruchteil dieser Kunststadt kennen lernen.

Schlaraffenstädte. In *Sabbioneta* berichtet eine lokale Legende, dass Herzog Vespasiano Gonzaga während seiner Heereszüge immer das Architekturtraktat des altrömischen Baumeisters Vitruv bei sich trug und den Traum hatte, eine perfekte Stadt zu errichten. Mit Sabbioneta erfüllte Gonzaga sich diesen Traum.

In *Parma* mag man zunächst an Nudeln und Parmaschinken denken. Das ist nicht falsch, doch die Kleinstadt hat gastronomisch noch viel mehr zu bieten: Sie produziert eine Vielzahl von Wurst- und Schinkensorten, Torten, Nudelsorten und -füllungen. In den verwinkelten Straßen des Städtchens finden sich Dutzende von Feinkostgeschäften, an denen man nicht einfach vorbeigehen sollte.

Am beeindruckendsten ist in Parma sicherlich der Domplatz: Das Gotteshaus und das Bapisterium sind Meisterwerke der Romanik, die Kuppel des Doms wurde in der Renaissance von Correggio vollständig ausgemalt. Im Baptisterium steht die vielleicht schönste Skulpturengruppe von Benedetto Antelami; Spötter bezeichnen die leicht rosige Farbe des Baptisteriums als »da porco«, zu deutsch etwa »schweinchenrosa«, und spielen damit auf die jahrhundertelange Tradition der Schweineverarbeitung in Parma an.

Neckisch geht es in den ehemaligen Privatgemächern der Äbtissin im Kloster von San Paolo zu: Dem Geschmack ihrer Zeit folgend, ließ sich die hohe Dame 1519 von Correggio die Wände mit leicht frivol anmutenden antiken Gottheiten und Putten ausmalen.

Parmas Nachbarin ist das im 2. vorchristlichen Jahrhundert von den Römern gegründete *Reggio nell'Emilia*; die antike

---

»Herrlich waren die Vormittage im September, wenn der Po dampfte und wir darauf warteten, dass die Sonne allmählich den Nebel durchbräche.«

Cesare Pavese, Die Lederjacke, 1946

Straße führt genau durch die Mitte des sechseckigen Stadtzentrums. Mit Parma liegt man hier in ständiger Konkurrenz um die authentischen Rezepte für gefüllte Nudeln, wie beispielsweise die Tortellini mit Kürbisfüllung.

Die Diven der Emilia-Romagna. Keine 25 Kilometer liegen zwischen Reggio und Modena, und doch trennen – wenn es um die richtige Herstellung des Balsamessigs geht – die beiden Städte Welten. Tatsache ist, dass der »aceto di balsamo« aus beiden Städten ausgezeichnet ist und nach uralten Rezepten zubereitet wird.

In *Modena*, dem antiken Mutina, wurde das »singende Schwergewicht« Luciano Pavarotti geboren. Die Stadt ist ein Gewirr aus mittelalterlichen Gassen und Bogengängen und geraden Straßen aus der Renaissance. Der höchste der zahlreichen Türme und das Wahrzeichen der Stadt ist der Ghirlandina aus dem 14. Jahrhundert mit stolzen 88 Metern Höhe. Modena ist aber auch berühmt für seinen roten und spritzigen Lambrusco-Wein und ebenso seine roten Autos, sprich Ferraris, die einige Kilometer südlich, in Maranello, produziert werden.

Nur einen Katzensprung von Modena entfernt liegt unterhalb des emilianischen Apennins und umgeben von riesigen Feldern das, so der Volksmund, »gelehrte und fette« *Bologna*: gelehrt wegen seiner uralten Universität, fett wegen seiner gastronomischen Vielfalt und Vorliebe für nicht

Verschwiegene Buchten lassen sich auch bei Ancona finden.

63

Schmuckstücke unter den Städten Oberitaliens sind – nicht nur in kulinarischer Hinsicht – Modena (wo der gute Balsamessig produziert wird), Mantua, Sabbioneta von oben nach unten wie auch Bologna rechts. Sie laden ebenso zum Schauen und Bummeln wie auch zum Rasten und Genießen ein.

gerade kalorienarme Speisen; aus Bologna kommt nämlich zum Beispiel die Mortadella. Wenn auch der mittelalterliche Stadtkern seit dem 19. Jahrhundert teilweise zerstört worden ist, finden sich in der Stadt, die schon im 13. Jahrhundert eine der größten Europas war, viele historische Gebäude; vor dem Palazzo Comunale sprudelt munter die Fontana del Nettuno, ein prachtvoller Brunnen aus dem 16. Jahrhundert.

Ein besonderes Juwel der Stadt ist auch die Pinacoteca Nazionale: Dort hängen einige der schönsten Gemälde italienischer Meister aus Renaissance und Barock.

Weltkultur und Autorennen. Über die auch weiterhin schnurgerade Via Emilia geht es Richtung Adriaküste, vorbei an *Imola*, einem Städtchen, das wegen seiner Rocca, einer Burg aus dem 13. Jahrhundert, und seiner Autorennen bekannt ist. In *Faenza* hingegen kann man sich mit Tonwaren eindecken: Die hiesigen Fayencen waren schon in der Renaissance in ganz Europa begehrt.

Die beiden Wahrzeichen des wenige Kilometer entfernten *Forlì* sind recht unterschiedlicher Natur: zum einen ein Turm aus dem 13. Jahrhundert, zum anderen die »salame gentile«, eine milde und überaus schmackhafte Salami. Im verwinkelten Stadtzentrum lohnen San Mercuriale aus dem 12. Jahrhundert und die reiche Pinacoteca einen Besuch.

Ein absolutes Muss für den Besucher ist ein Abstecher in das etwa 30 Kilometer nördlich gelegene *Ravenna* (siehe auch S. 34/35): Die Stadt wurde im Jahr 402 Hauptstadt des Weströmischen Reiches; von dieser Zeit zeugen einige Bauwerke, die zu den prächtigsten ihrer Art in ganz Italien gehören: Das Battistero Neoniano und die Kirche San Vitale zählen dazu und sind über und über mit den herrlichsten byzantinischen Mosaiken geschmückt. Das Mausoleum der Galla Placidia (um 450) und Sant'Apollinare Nuovo (um 500) verschlagen dem Besucher mit ihren auch nach 1500 Jahren noch farbenfrohen Mosaiken den Atem.

Ben Hurs Söhne

Schon die alten Römer liebten Rennen: In Rom zeugt der Circus Maximus unterhalb des Palatins heute noch von dieser Leidenschaft. Dieser Circus wurde für Rennen mit Pferdewagen erbaut, und auf den Rängen fanden bis zu 200 000 Zuschauer Platz. Dass es bei diesen Rennen recht ruppig zuging und häufig Fahrer starben, schien das Publikum nicht sonderlich zu stören. Heute sind Autorennen nicht minder beliebt. In Imola existiert eine der bekanntesten Rennstrecken Italiens, und in Monza versammeln sich jedes Jahr am zweiten September-Wochenende die Größen der Formel 1. Die Italiener gehen ganz selbstverständlich davon aus, dass in Monza ein Ferrari den Sieg davonträgt; gewinnt jedoch unglücklicherweise ein ausländischer Wagen, so ist Nationaltrauer angesagt.

Adriatische Atmosphäre. *Rimini* wurde zu Zeiten des deutschen Wirtschaftswunders als Urlaubsort bekannt; hier trifft die Via Emilia auf die Via Flaminia aus dem Jahr 220 v. Chr., die nach Rom führt. Das bergige Hinterland der Riviera ist reich an kleinen Orten mit alten Kirchen und lauschigen Plätzen. Wer nach *San Marino* fährt, sollte sich auf touristisches Gedrängel gefasst machen: Dank der zollfreien Einkaufsmöglichkeit geht es Fortsetzung Seite 70

Imola hat eine historische Altstadt mit alten Bogengängen. oben
Das Baptisterium von Parma schuf Benedetto Antelami. Es besticht durch kunstvolle Bemalung. Mitte und unten

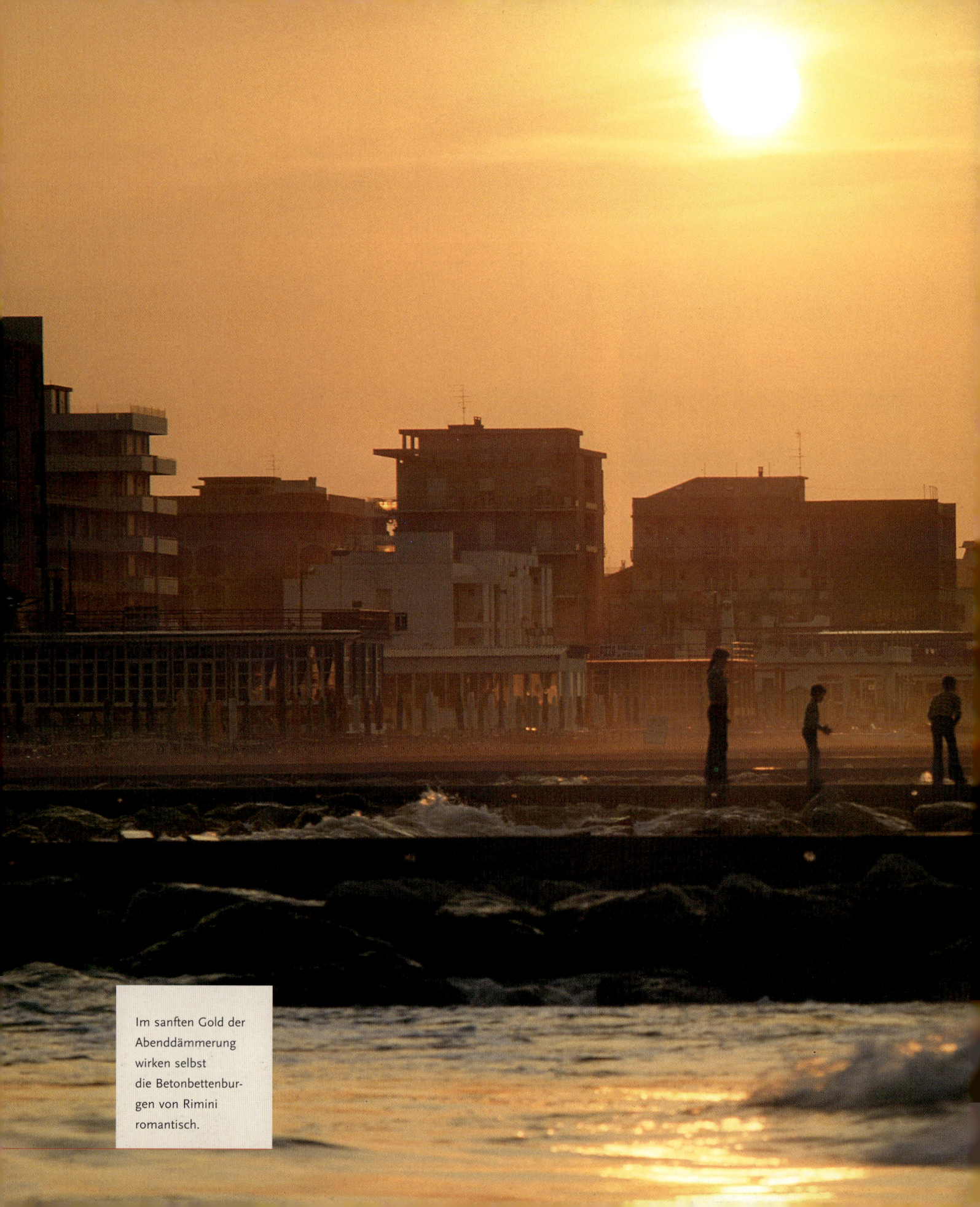

Im sanften Gold der Abenddämmerung wirken selbst die Betonbettenburgen von Rimini romantisch.

Urbino: Ein Juwel in den Marken

Urbino ist ein Traum: Sein Stadtkern ist über die Jahrhunderte hinweg unversehrt geblieben; keine Neubauten, kein sichtbarer Verfall, keine Bomben während des Zweiten Weltkriegs. Urbino wirkt wie aus einer anderen Zeit – man hat den Eindruck, dass die Zeit im 16. Jahrhundert stehen geblieben ist.
Wenn man vom Meer, von Fano, kommt und durch die sanfte Hügellandschaft fährt, kann man die Stadt mit ihren Mauern, Dächern und Türmen schon von weitem sehen. Das Umland besteht aus Obstplantagen, Wiesen und Weinfeldern – eine Landschaft wie auf den Bildern jenes Mannes, der in Urbino zur Welt kam und einer der berühmtesten Maler der Kunstgeschichte überhaupt werden sollte: In Urbino nämlich wurde 1483 Raffaello Sanzio geboren, der als Raffael zusammen mit Bramante, dem zweiten Künstlergenie Urbinos, der italienischen Renaissance seinen unvergleichlichen Stempel aufgedrückt hat.
Unter der Herrschaft des kunstsinnigen Herzogs Federico da Montefeltro wurde Urbino zum Zentrum der Kunst und der Wissenschaften und in ganz Italien zu einem Vorbild für einen humanistisch regierten und weltoffenen Ministaat, in dem ein Herrscher das Sagen hatte, der sich nicht nur als politischer und militärischer Stratege auszeichnete, sondern auch als Liebhaber der Künste. Federico lebte im Palazzo Ducale, einem Renaissancepalast wie aus dem Bilderbuch. Der Bau wurde Mitte des 15. Jahrhunderts errichtet und bietet von einigen der großen Fenster einen phantastischen Ausblick auf die Landschaft.
Im Palazzo ist die Galleria Nazionale delle Marche untergebracht, eine Kunstsammlung, die sich in die Säle und Räume des Palazzos zauberhaft einfügt. Die Meisterwerke der Gemäldegalerie, darunter Bilder von Paolo Uccello und Piero della Francesca, werden in einem prächtigen und stilechten Rahmen präsentiert. Einer der Höhepunkte der Nationalgalerie der Marken ist das so genannte »studiolo«: Dabei handelt es sich um das vollständig mit Intarsien ausgeschmückte Arbeitszimmer des Federico da Montefeltro. Einige der Holzarbeiten zeigen optische Täuschungen, die so realitätsnah sind, dass man schon zweimal hinschauen muss, um dem Trick auf die Spur zu kommen. Da die Galerie Hauptanziehungspunkt aller Urbinobesucher

Verwinkelte Straßen und Gässchen und die Geschlossenheit des Stadtbildes machen den bezaubernden Charme Urbinos aus. unten Auch Bramante rundes Bild lebte und wirkte in der Stadt.

Urbinos berühmtester Sohn

Raffaello Sanzio wurde vermutlich am 6. April
1483 in Urbino geboren. Schon bald offenbarte
sich seine ungewöhnliche künstlerische Bega-
bung als Maler und Baumeister, und so begann
er, in Perugia und Florenz zu studieren. Bereits
1508 wurde das große Talent vom Papst nach
Rom berufen und wenige Jahre später zum Bau-
leiter der Peterskirche und Konservator der antiken Denkmäler ernannt. Raffael blieb jedoch
trotz seines Erfolgs als Baumeister immer seiner
großen Liebe, der Malerei, treu und schuf Werke
von größtem Ausdruck und höchstem kunsthis-
torischem Wert.

Er zählt neben Leonardo da Vinci und Michelangelo Buonarroti zu den bedeutendsten Künstlern der Hochrenaissance und huldigte einem
Ideal der Anmut und Schönheit, das bis ins 20.
Jahrhundert hinein als vorbildlich galt.

ist, gehe man sofort nach der Ankunft in
der Stadt zur Kasse und reserviere sich
einen Besichtigungstermin. Sonst könnte
es sein, dass man einen Tag warten muss.
Urbino ist aber nicht nur ein Freilicht-
museum, sondern auch ein Ort, an dem
es sich gut leben lässt. Da die Stadt sich
in einer höheren Lage (500 Meter über
dem Meeresspiegel) befindet, kann man
es hier auch im Sommer, wenn das Leben
an der nahen Adria tagsüber wegen der
brütenden Hitze stillsteht, sehr gut aus-
halten. Nach Urbino sollte man in der
Frühe des Tages kommen, um den mor-
gendlichen Gemüsemarkt aufzusuchen
und sich einfach treiben zu lassen. Auch
ein Rundgang über die Strada Panoramica
ist empfehlenswert: Sie beginnt bei der
Piazza Roma und führt einen Hügel hinauf. Den Blick, den man von hier auf die
Unterstadt, den Palast des Herzogs, die
Kathedrale, die Dächer und Kuppeln hat,
ist unbeschreiblich – vor allem bei Sonnenuntergang.

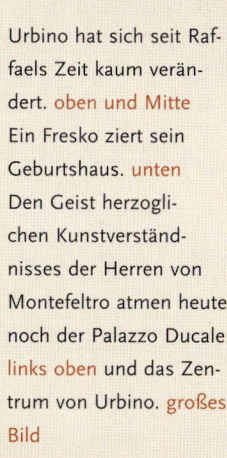

Urbino hat sich seit Raf-
faels Zeit kaum verän-
dert. oben und Mitte
Ein Fresko ziert sein
Geburtshaus. unten
Den Geist herzogli-
chen Kunstverständ-
nisses der Herren von
Montefeltro atmen heute
noch der Palazzo Ducale
links oben und das Zen-
trum von Urbino. großes
Bild

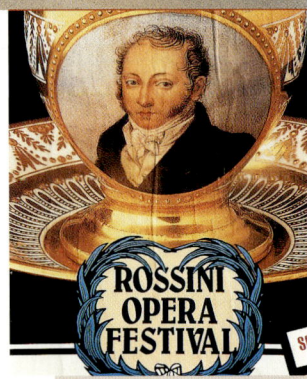

Bei Ancona und Pesaro oben und rechts überrascht die Adria mit einem eher untypischen Gesicht; dass aber auch diese Gegend viel für Touristen zu bieten hat, beweist z. B. das »Rossini Opera Festival«. unten

in der Minirepublik immer hoch her. Reizvoller als das überlaufene San Marino ist der Festungsort *San Leo*, 10 Kilometer südwestlich gelegen. In der Festung, die sich über dem kleinen Ort erhebt, starb der berühmte Gauner Cagliostro, der im Europa des 18. Jahrhunderts Reiche und Adlige an der Nase herumführte.

Will man wieder ans Meer zurückkehren, lohnt ein Stopp in *Montefiore Conca*: Das Dorf, von alten Wehrmauern umgeben, bietet bei gutem Wetter einen Panoramablick in die Hügel und zum Meer hin. Das jahrhundertelang zum Kirchenstaat gehörige *Pesaro* hat seit dem Beginn des 20. Jahrhunderts sein historisch gewachsenes Gesicht radikal verändert; erhalten blieb allerdings der Stadtkern mit einem schönen Palazzo Ducale und einer besuchenswerten Pinakothek. Im Landesinnern findet sich etwa 35 Kilometer von Pesaro entfernt und über eine an Aussichtspunkten reiche Straße erreichbar einer der künstlerischen Höhepunkte der Region Marken und deshalb diesen Umweg wert: *Urbino*. Die kleine Stadt auf dem Hügel ist dank der Bemühungen der Herzöge von Montefeltro in der Renaissance zu einem der wichtigsten künstlerischen Zentren Italiens geworden.

Ein Stück südlich von Pesaro liegt *Fano*; bei den Römern hieß der Ort »Tempel der Glücksgöttin«. An diese glorreiche Zeit erinnert ein herrlicher Triumphbogen des Augustus, und auch San Michele aus dem 16. Jahrhundert sowie die Loggien dieser Kirche lohnen einen Besuch.

Hochburg der Marienverehrung. *Ancona* wurde im letzten Weltkrieg schwer bombardiert, und auch ein heftiges Erdbeben in den siebziger Jahren hinterließ seine Spuren. Die Stadt wuchs wie ein Amphitheater den Hang des Monte Conero hinauf; ganz oben auf einer Hügelspitze steht San Ciriaco, eine der landschaftlich am schönsten gelegenen mittelalterlichen Kirchen der Marken. Die Aussicht auf das Meer und die Stadt mit dem Trajansbogen und der Mole des Barockbaumeisters Vanvitelli sind ein Genuss.

In *Loreto* wird Italiens wichtigste Marienreliquie verwahrt, eine Steinhütte. Am 7. September 1295 sollen, so will es jedenfalls die fromme Legende, Engel das Haus der Maria, die »Santa Casa«, von Nazareth nach Loreto gebracht und auf einem Hügel abgesetzt haben. Im 15. Jahrhundert beauftragte dann der durch Pilgerspenden reich gewordene Ortsklerus die berühmtesten Architekten der Zeit mit dem Bau des Santuario della Santa Casa, einer riesigen Kirche. Loreto präsentiert sich heute als Wallfahrtsort mit all dem dazugehörenden Kitsch, vor allem aber mit einer Kirche, die Meisterwerke von Giuliano da Sangallo, Luca Signorelli und anderen Meistern der Renaissance und des Barock birgt.

»Wallfahrtsorte«: Die »Santa Casa« lockt die Gläubigen nach Loreto Mitte und unten, die herrlichen Strände lassen die Sonnenanbeter an die Adria pilgern. links

Planen und erleben ...

DIE HIGHLIGHTS

Mailand

Seit Mitte des 19. Jahrhunderts wurde Mailand kontinuierlich umgebaut: Die historischen Gebäude wie der Dom oder die Kirche Santa Maria delle Grazie wirken daher heute wie Fremdkörper in moderner Umgebung. Unbedingt besichtigen sollte man die Gemäldegalerie der Brera, die Biblioteca Ambrosiana, das Skulpturenmuseum im riesigen Castello Sforzesco und die herrliche Kunstsammlung im privaten Palazzo Bagatti Valsecchi.

Cremona

Sehenswert ist besonders die Altstadt bei der Piazza Roma. Der Ausblick vom 112 Meter hohen Torrazzo-Turm aus dem späten 14. Jahrhundert lässt die vielen Stufen hinauf vergessen. In Cremona lebte und wirkte die Stradivari-Familie, deren schönste und wertvollste Geigen im Museo Civico ausgestellt sind.

Mantua

Die Altstadt von Mantua hat ihren spätmittelalterlichen Charakter bewahren können. Im Palazzo Ducale sollte man sich die herzöglichen Gemächer nicht entgehen lassen. Einen Rundgang durch das Zentrum beginnt man am besten auf der Piazza Sordello und geht dann zur Piazza Broletto und zur Piazza delle Erbe. Auch ein Besuch im Palazzo del Tè lohnt sich: Die Villa aus dem 16. Jahrhundert ist von Giulio Romano meisterlich ausgemalt worden.

Parma

Wer diese gemütlich wirkende Stadt nur auf ihren berühmten Schinken reduziert, tut ihr unrecht. Der Dom und eine faszinierende Taufkapelle versprechen mehr: Der achteckige romanische Bau des Baptisteriums ist mit Skulpturen und einem herrlichen Freskenzyklus ausgestattet. Der Palazzo della Pilotta lockt mit der restaurierten Galleria Nazionale und Gemälden von Parmigianino, El Greco sowie Canaletto und dem 1619 ganz aus Holz erbauten Teatro Farnese. Hier wurden in der Renaissance Seeschlachten für den Adel simuliert.

Reggio nell'Emilia

Diese Stadt an der Via Emilia ist Italiens Nudelparadies. Bei einer Fahrt von Reggio aus über das Land in nördlicher Richtung und südlich des Po kann man die verschlafene Ortschaft Brescello entdecken, wo sich das Don-Camillo-und-Peppone-Museum befindet; dort verkostet man den roten Peppone- und den weißen Don-Camillo-Wein.

Modena

Hier wurde der schwer gewichtige Startenor Luciano Pavarotti geboren; einmal im Jahr veranstaltet »Big Luciano« mit prominenten Sangeskollegen ein Benefizkonzert.
Der Dom San Geminiano ist eine der schönsten romanischen Kirchen in ganz Italien, deren plastische Innenausstattung ein Werk des Lombarden Wiligelmus aus dem 12. Jahrhundert ist. Lohnenswert ist auch der Besuch der Galleria

Hoch- und Bettenburg des Adria-Tourismus: der »Teutonengrill« Cattolica. oben
Der Mailänder Dom gehört zu den Hauptattraktionen der Stadt. Mitte
Antikisierende Darstellung im Palazzo Ducale von Mantua. unten

MILANO

Via Fatebenefratelli
Parco Sempione
Via Gadio
Castello Sforzesco
Pinacoteca di Brera
Galleria d'Arte Moderna
Via Senato
Via Aless. Manzoni
Stazione Nord Milano
Via Boccaccio
F. Buonaparte
Teatro alla Scala
San Babila
S. Fedele
Piazza S. Babila
S. Maria d. Grazie
Via Carducci
Piazza Cordusio
Galleria
Museo Archeologico
Biblioteca Ambrosiana
Duomo
Piazza Fontana
V. S. Vittore
S. Ambrogio
Pal. Arcivescovile
San Satiro
Via Edmondo De Amicis
Via Torino
S. Nazaro Maggiore
Museo Scienza e Tecnica
Via Franc. Sforza
S. Lorenzo Maggiore
Corso Italia
Corso di Porta Romana
C. di P.ta Ticinese
S. Eustorgio
Corso Italia
Via Banca di Savoia

0   500m
N

Pasta & Co.

Was wäre Italiens Küche ohne Teigwaren! Und was für Südtirol die Schlutzkrapfen und für Neapel die Pizza, das sind für die Emilia-Romagna Nudeln in allen Variationen.

Pasta ist mittlerweile zu einem echten Kulturgut avanciert: Seit Jahrhunderten gehört sie zu den Hauptnahrungsmitteln der Italiener, und Experten zufolge soll es in ganz Italien mehr als tausend verschiedene Nudelformen geben. So ist es kein Wunder, dass so gut wie jeder Ort in der Emilia auf das »einzig« wahre Geheimrezept zurückgreifen kann: Spaghetti und Fusilli, Rigatoni und Tortellini, Farfalle und Cannelloni stellen nur einen Bruchteil der fast unübersehbaren Produktpalette dar, und auch die Farbauswahl der – mit Naturfarbstoffen hergestellten – Teigwaren gleicht oft einem Regenbogen. Pasta kann man sowohl in Zellophan abgepackt als auch lose kaufen – und auch verschenken.

Entfernungen

km		
	Mailand	572
	55 km	
55	**Piacenza**	517
	96 km	
151	**Mantua**	421
	63 km	
214	**Parma**	358
	104 km	
318	**Bologna**	254
	118 km	
436	**Rimini**	136
	36 km	
472	**Pesaro**	100
	100 km	
572	**Loreto**	km

Estense: Hier hängen Werke der besten Barock- und Rokokomaler aus der Emilia-Romagna.

Bologna

Eine quirlige Universitäts- und Kunststadt. Wenn es in Bologna regnet, stehen mehrere Kilometer überdachte Bogengange zur Verfügung, unter denen man relativ trocken den Palazzo Comunale mit seinen Kunstsammlungen, die beiden schiefen Türme aus dem 12. Jahrhundert, die romanische Basilica di Santo Stefano und die reich ausgestattete Basilica di San Petronio erreichen kann. Das Hauptportal von San Petronio ist ein Meisterwerk des Jacopo della Quercia aus dem 15. Jahrhundert.

Rimini

Mit Rimini assoziiert man unwillkürlich turbulentes Strand- und Discoleben; die hiesigen Strände gehören zu den meistbesuchten und auch zu den am besten gerüsteten der Adria. Kein Wunder, dass es besonders an den Wochenenden hier hoch hergeht. Rimi-

ni ist aber auch eine Stadt der Kunst: sehr schön etwa der Tempio Malatestiano, eine faszinierende Renaissancekirche mit einer an antike Gebäude erinnernden Fassade.

Loreto

Hat man sich einmal an den unzähligen Devotionalienhändlern vorbeigekämpft, so betritt man eines der erstaunlichsten Gotteshäuser Italiens. Die reich ausgeschmückte riesige Kirche enthält die als Haus der Gottesmutter Maria verehrte Santa Casa. Interessanter als die umstrittene Reliquie sind allerdings die Kunstwerke, die sich in der Sakristei finden, die Bronzeportale und die Gemäldesammlung.

TIPPS FÜR UNTERWEGS

Wer die Via Emilia entlangfährt, sollte nicht ans Abnehmen denken, sondern möglichst viele Gerichte probieren, um die Köstlichkeiten der Emilia-Romagna – die als das Schlaraffenland Italiens gilt – kennen zu lernen: Ganz besonders den Nudelphantasien sind hier keine Grenzen gesetzt. Die

Via Emilia ist sehr stark befahren, deshalb sollte man besser die kleinen Straßen nehmen. San Marino kann man getrost meiden: Der Ort bietet keine Kunstschätze und ist ständig von Bustouristen auf der Suche nach zollfreien Waren überfüllt. Die Badeorte bei Rimini sind in der Regel besonders für Familien mit kleinen Kindern und Vergnügungssüchtige geeignet. Hier findet man noch preiswerte Pensionen.

Souvenirs

Der fromme Kitsch in Loreto ist teilweise so unsäglich, dass er schon wieder interessant wird. Eine Besonderheit aus Fano bei Pesaro sind die kunstvollen Stickereien. Unbedingt mit nach Hause nehmen sollte man Nudeln und Balsamessig aus der Emilia, und auch die Würste lassen sich gut transportieren. Köstlich ist der zarte Culatelloschinken. Käseliebhaber sollten sich den Besuch bei einem Parmesanhersteller nicht entgehen lassen. Besser als sein Ruf ist der Lambrusco: Er perlt und ist ideal für heiße Tage.

Ein Meisterwerk von Benedetto Antelami: Baptisterium in Parma. unten Ausblick auf die Altstadt von Cremona. links

Route 4
Durch die Toskana und Umbrien

Von den Toskana-Klassikern Pisa, Lucca, Pistoia und Florenz über das kunstsinnige Umbrien ins Weinmekka Montepulciano und zur Küste: Im Zentrum des Stiefels trifft man auf eine wirklich unnachahmliche Harmonie von Landschaft und Kultur.

Bei Monticchiello sieht die Toskana so aus, wie man sie sich vorstellt: sanfte Hügel mit zypressengesäumten Serpentinenstraßen.

Ins grüne Herz Italiens

Wohl keine andere Region Italiens ist so häufig Gegenstand von verklärten Schwärmereien wie die Toskana mit ihren sanften Hügeln und kerzengeraden Zypressen. Immer noch im Schatten der Toskana steht das malerische Umbrien, das seiner Nachbarin auch in Sachen Kunst und Landschaft ohne weiteres das Wasser reichen kann – hier gibt es noch viele Entdeckungen zu machen.

Ein Hauch Jahrhundertwende haftet noch heute der Bäderkultur Mittelitaliens an: Trinkwasserbecken in Montecatini.

Der faszinierende Campo dei Miracoli ist das wohl einschlägigste Postkartenmotiv *Pisas*. Auch wenn der berühmte, 55 Meter hohe romanische Turm, mit dessen Bau 1173 begonnen wurde, nun – trotz jahrzehntelanger Warnrufe der Experten – doch nicht umzufallen droht, verursacht er mit seiner die Naturgesetze scheinbar widerlegenden Schräglage bei seinen Betrachtern noch immer ein einigermaßen mulmiges Gefühl. Dasselbe gilt auch – allerdings aus einem ganz anderen Grund – für die Fresken im Bogengang des benachbarten Camposanto, des Friedhofs: Zu sehen ist unter anderem der »Triumph des Todes«, die grausige Darstellung eines von Seuchen und Korruption geplagten Volkes im 14. Jahrhundert, die auch bei bestem Wetter aufs Gemüt schlagen kann. Entspannender wird es auf dem Weg von Pisa nach Lucca: eine schöne Straße, die über San Giuliano Terme durch die grüne Hügellandschaft des Monte Pisano führt und direkt vor den mit alten Bäumen bestandenen Mauern Luccas endet. *Lucca* ist für den eingefleischten Musikliebhaber untrennbar mit Giacomo Puccini und seinen Opern über zumeist unglückliche Frauen verbunden – Opern, die seit Generationen zu Tränen rühren. Die Stadt ist aber auch ein Juwel der Architektur. Der historische Stadtkern ist noch heute umge-

ben von den alten Wallanlagen, die im 19. Jahrhundert in einen begrünten Spazierweg verwandelt wurden. Den Wagen sollte man außerhalb des Mauerrings parken, ein Fahrrad mieten und rund um die Stadt fahren. Der Blick ist herrlich: Zu sehen sind zahllose romanische Türme und Kirchen. Unbedingt besucht werden sollten auch einige der Meisterwerke romanischer Baukunst wie der Dom San Martino und die Kirchen San Michele in Foro und San Frediano.

Höhepunkte der Toskana. Die Straße nach Pistoia folgt immer dem Apennin, der die nördliche Toskana von der Emilia-Romagna trennt. An den Hängen der Berge zwischen beiden Städten errichtete sich die Aristokratie vergangener Jahrhunderte zahlreiche Sommervillen, die, wie die Villa Mansi oder die Villa Torrigiani, ebenfalls besichtigt werden können. *Pistoia* wirkt im Vergleich zu Lucca abweisender, und Paläste und Kirchen haben einen strengeren Charakter. Der Dom ist sicherlich das interessanteste Bauwerk der Stadt. Wie das Baptisterium ist er, typisch für Pistoia, aus weißem und grünem Marmor errichtet worden.
Keine 10 Kilometer Richtung Florenz liegt Prato, eine weitere Stadt der Kunst wie aus dem Bilderbuch. Zu besichtigen sind ein

Der »lebenswerteste« Ort Europas: Mit diesem Forschungsergebnis einiger US-Soziologen wurde Todi aus seinem Dornröschenschlaf wachgeküsst.

wunderbarer Dom aus dem 13. Jahrhundert, das Dommuseum mit einem Relief von Donatello, auf dem ein Puttentanz zu sehen ist, und zahllose Kirchen, wie zum Beipiel das Renaissancejuwel Santa Maria delle Carceri. Wie freizügig es in der Renaissance unter den Künstlern von Prato zuging, beweist die Geschichte um den Maler Filippo Lippi und seine Geliebte Lucrezia Buti: Er war Mönch, sie Nonne – welch ein Skandal wäre das heutzutage! Prato ist seit dem Mittelalter im übrigen auch wegen seiner Textilmanufakturen berühmt. Und Fans der modernen Kunst pilgern hierher, weil das Museum für Zeitgenössische Kunst, das Museo d'Arte Contemporanea Luigi Pecci, als eines der besten ganz Italiens gilt.

Von Prato nach Florenz ist es nicht weit, denn beide Städte wachsen durch ihre Vororte allmählich immer mehr zusammen. Wie soll man *Florenz*, die an Kunst reichste Stadt der Welt (das behauptet jedenfalls die UNESCO), mit wenigen Worten beschreiben? Zunächst einmal ist sie die Hauptstadt der Renaissance – in der Stadt am Arno hinterließen alle großen Künstler der Zeit ihre Meisterwerke: Wer nach stundenlangem Warten in einer Schlange vor den Uffizien endlich die einzelnen Säle dieses Museums durchschreitet, beginnt zu

ahnen, welch überwältigender Kunstreichtum in den Mauern dieser Stadt schlummert.

Um sich Florenz langsam zu nähern, sollte man nach *Fiesole* hinauffahren, eine Ortschaft, die von 300 Meter Höhe auf das verschlungene Gewirr aus Häusern und Kirchen hinunterschaut. Die gewaltige Domkuppel des Brunelleschi wirkt von hier aus wie ein riesiger Heißluftballon. Es ist ratsam, Florenz mit Spaziergängen zu erkunden – langsam und mit Pausen, in denen man gastronomische Spezialitäten wie die »bistecca alla fiorentina«, ein deftiges Rindersteak, genüsslich verspeisen kann. Und eine Kaffeepause auf der Piazza della Signoria macht nach den ersten Besichtigungskilometern wieder neue Lust auf die Museen und Kirchen, die man noch nicht gesehen hat.

»Die Wohnungen in den Bädern von Lucca nämlich sind entweder unten in einem Dorfe, das von hohen Bergen umschlossen ist, oder sie liegen auf einem dieser Berge selbst, unfern der Hauptquelle, wo eine pittoreske Häuserzeile in das reizende Tal hinabschaut... Ich habe nie ein reizenderes Tal gesehen.«

Heinrich Heine, Die Bäder von Lucca, 1828

Die Geschlechtertürme von San Gimignano oben, die Kuppeln und Türme von Florenz rechts und der Palio von Siena Mitte haben den legendären Ruf der Toskana begründet und sie zum viel geliebten Traumziel der Italienkenner gemacht.
Was ein guter Brunello oder Vino Nobile werden will, braucht viel Geduld und Fürsorge. unten

Kleine Orte, große Kunst. Auf der Fahrt gen Süden, nach Arezzo, empfiehlt es sich, auf die Autobahn zu verzichten und einen Umweg via Poppi einzuschlagen. *Poppi* liegt auf einem grünen Hügel mit fantastischer Aussicht; dominiert wird der Ort von einer Burg, deren Säle mit Fresken kunstvoll ausgeschmückt sind.

Arezzo befindet sich am Fuß der Alpe di Poti und präsentiert sich als eine Stadt von durch und durch mittelalterlichem Charakter. Die Kirche San Francesco aus dem 14. Jahrhundert besitzt einen der schönsten Freskenzyklen des Piero della Francesca, die »Legende des Kreuzes«. In der romanischen Kirche Pieve di Santa Maria Assunta, deren Apsis die schräg abfallende, schöne Piazza Grande dominiert, befindet sich am Altar ein wunderbares Bild von Pietro Lorenzetti. Die Fassade dieser Kirche ist ein Kuriosum: Sie besteht aus fünf Arkaden mit zahlreichen unterschiedlichen Säulen. *Castiglion Fiorentino* liegt im Val di Chiana und ist vor allem deshalb erwähnenswert, weil sich hier die Straße in Serpentinen einen Hügel hinaufschlängelt, der von einer Kirche und einigen Zypressen bekrönt wird – ein typisches Toskanabild, wie es auf Hunderten von Kalenderblättern verewigt wurde. Ein weiteres überaus idyllisches Fleckchen Erde ist *Cortona* am Hang des Monte Sant'Egidio – man muss schon kräftig steigen, will man diesen seit der etruskischen Zeit bewohnten Ort besichtigen. Bequem zu erreichen, weil unterhalb der Ortschaft gelegen, ist im Gegensatz dazu die Kirche Madonna del Calcinaio. Das elegante Gebäude aus dem späten 15. Jahrhundert gilt als Prototyp eines Renaissancekirchenbaus. Unterhalb des Monte Ginezzo geht es zum *Lago Trasimeno*, der sich bereits in Umbrien befindet; vom östlichen Ufer, von Passignano sul Trasimeno aus, kann man mit einem kleinen Ruderboot auf die Isola Maggiore übersetzen, eine Insel mit einem romantischen Fischerdorf.

Im Hinterland reift der künftige Rotwein am Rebstock heran.
oben

Zwar wurde Todi und
Umgebung großes Bild
ein Maximum an Le-
bensqualität bescheinigt,
doch Orte wie Arezzo
oben mit ihrer Beschau-
lichkeit stehen dem in
nichts nach.
Eine Spezialität: der
Schinken. Mitte
Der tägliche Gang in die
Bar oder ins Café gehört
ebenso zwingend zum
Tagesablauf des Italie-
ners wie ein Plausch
unter Freunden. unten
Der baumbewachsene
Quinigi-Turm in Lucca.
rechts

Die Krone Umbriens. Das bereits in der
Etruskerzeit bedeutende *Perugia* liegt auf
einem steilen Hügel, so dass man am
besten den Wagen unterhalb der Rocca
Paolina parkt. Weise Stadtväter haben
lobenswerterweise Rolltreppen einrichten
lassen, die die Besucher vom Parkplatz aus
zu einem spannenden Fußweg bringen,
welcher durch die mittelalterliche Burg-
anlage direkt ins Stadtzentrum mit seinen
historischen Gebäuden führt.
Perugia ist eine sehr lebendige Stadt. Die
internationale Universität lockt viele junge
Leute an, die sich abends am Corso Vannucci treffen, der Hauptstraße. Perugia ist
eines der wichtigsten Kunstzentren Mittelitaliens und bietet etruskische Mauern und
Portale, einen frisch restaurierten riesigen
Brunnen von Niccolò und Giovanni Pisano
aus dem 13. Jahrhundert, eine gotische Kathedrale und den Palazzo dei Priori, das
heutige Rathaus; die Galleria Nazionale
dell'Umbria ist außerdem eine der bestbestückten Gemäldesammlungen Umbriens.
Am Corso Vannucci hat Perugino das Col-

Schnauferl-Rallye

Jeden Sommer sind Tausende von Fans dabei, wenn Italiens schönste Oldtimerparade vorbeizieht. Die Veranstaltung trägt den Namen »Mille Miglia«, zu deutsch: tausend Meilen. Dabei handelt es sich heute nicht mehr um ein echtes Autorennen, sondern um die Fahrt von Hunderten alter Autos durch Italien. Rom ist ein Höhepunkt der Tour, und weder Presse noch Bürgermeister lassen sich die Ankunft der schnaufenden Vehikel entgehen. Die »Mille Miglia« ist eine faschistische Erfindung: Mussolinis Regime – der Duce war selbst ein begeisterter Fah-rer – wollte mit dem Autorennen von Nord- nach Mittelitalien und wieder zurück aller Welt beweisen, wie modern Italien unter seiner Herrschaft geworden war. Das erste Langstreckenrennen – zu fahren sind auch heute noch zwischen 1500 und 1800 Kilometer – fand 1927 statt, und Start und Ziel war das norditalienische Brescia. Aus der rein italienischen Rennfahrt des Faschismus wurde in den Nachkriegsjahren ein internationales Ereignis, das nach Unterbrechungen in unseren Tagen wieder belebt wurde.

legio del Cambio, eine Wechselstube, mit wunderbaren Fresken ausgemalt. Kommt man am frühen Abend nach Perugia, so sollte man sich den Sonnenuntergang von der Terrasse der Gärten hinter dem Palazzo del Governo nicht entgehen lassen: Die Aussicht ins umbrische Land ist atemberaubend.

Eine ähnliche Hochburg der Kunst ist Assisi, das sich ebenfalls auf einem Hügel erhebt; es wird von dem trutzigen Franziskanerkloster dominiert, das noch der heilige Franz errichten ließ. Das Städtchen wurde vor einigen Jahren von einem schweren Erdbeben mit katastrophalen Folgen heimgesucht – ein Spaziergang durch Assisi, das sich durch seinen mittelalterlichen Charakter auszeichnet, lässt die Schäden sichtbar werden: Der Freskenzyklus des Giotto in der Oberkirche von San Francesco etwa wird noch lange nicht zu besichtigen sein. Verborgen bleiben allerdings die Spuren der Zerstörung, wenn man nach einem strammen Anstieg die am Berg oberhalb von Assisi gelegene Rocca Maggiore erreicht hat. Der Blick von der Festung geht über die rötlich-braunen Dächer der Geburtsstadt des italienischen Nationalheiligen in die Ebene, aus der sich unübersehbar die Kirche Santa Maria degli

Blick auf Assisi. oben
Olivenernte bei Volpaia:
Auch Olivenöl zählt zu
den besonderen Spezialitäten und Exportschlagern Italiens. Mitte
Die Kirche Santa Maria
della Consolazione bei
Todi. unten

Spello oben und Perugia unter haben große Teile der alten Bausubstanz über die Zeiten retten können.
Montepulciano hat nicht nur Spitzenweine zu bieten, sondern auch ein mittelalterliches Stadtbild. großes Bild

Angeli wie ein Miniberg erhebt. Das barocke Gotteshaus enthält die so genannte Porziuncola-Kapelle, die auf Franz zurückgeht.

Wo das Leben lebenswert ist. Von Assisi aus bietet sich eine Fahrt durch den Regionalen Naturschutzpark des *Monte Subiaso* Richtung Spello an; die Straße führt in eine Höhe von 1200 Metern und bietet wirklich phantastische Aussichtspunkte. *Spello* ist ein Dorf, das sich steil an einen Hügel schmiegt; hier sollte man unbedingt die 1501 von Pinturicchio ausgemalte Cappella Baglioni in der Kirche Santa Maria Maggiore besuchen – ein Kleinod der Renaissancemalerei.
Bei *Foligno* befindet sich eines der schönsten Täler ganz Umbriens. Hier druckte der Deutsche Johannes Neumeister 1472 das

erste Buch in italienischer Sprache, die »Göttliche Komödie« von Dante. Leider wurde auch diese Stadt von den Erdbeben der letzten Jahre beschädigt, und so manche Kirche ist nach wie vor wegen Einsturzgefahr geschlossen.
Richtung Spoleto liegt linker Hand das mauerbewehrte *Trevi* am Hang, und rechts der Tempio di Clitunno, ein unbedingt sehenswertes, weil vollständig erhaltenes Tempelchen aus dem 4. Jahrhundert. Auf der großen Piazza del Duomo von *Spoleto* wird jedes Jahr zwischen dem 15. Juni und 15. Juli mit einem festlichen Konzert Italiens schönstes Sommerfestival, das »Festival dei due Mondi«, eröffnet; wenn nicht gerade Künstler und Gäste aus aller Welt Gassen und Plätze beleben, geht es hier aber sehr ruhig zu. Spoleto ist wegen seines gesamten historischen Zentrums

interessant; und über dem Ort erhebt sich eine große und kürzlich restaurierte Festung. Hinter der Anlage aus dem Mittelalter, in der schöne Fresken aus der Spätgotik zu besichtigen sind, spannt sich eine 76 Meter hohe und 230 Meter lange Brücke aus dem 14. Jahrhundert über ein steil abfallendes Tal.

Todi ist ein besonderes Schmuckstück: US-amerikanische Soziologen haben vor einigen Jahren auf der Suche nach dem lebenswertesten Ort der Welt diese kleine Stadt in 400 Meter Meereshöhe als den Ort ausgemacht, an dem man am angenehmsten seine Tage verbringen kann. Todi verfügt über einen hübschen mittelalterlichen Ortskern, wirkt ein wenig verschlafen, wird jedoch zunehmend vom internationalen Jetset frequentiert, der in der letzten Zeit in der Umgebung Klöster und Bauernhäuser aufgekauft hat.

Eine Panoramastraße erster Güte verbindet das Städtchen mit Orvieto: Kleine Ortschaften wechseln sich mit Wäldern und Blicken auf den lang gezogenen *Lago di Corbara* ab – eine malerische Gegend, die den Reisenden zum Ausspannen von den anstrengenden Besichtigungstouren in den Städten animiert.

Fortsetzung Seite 88

Wie viele umbrische Städte thront Spoleto auf einer Anhöhe. oben Die Kathedrale von Orvieto beherrscht die Stadt auf dem mächtigen Tufffelsen. unten Der Brunnen San Patrizio links in Orvieto ist ein echter »Hingucker«.

Florenz: Eine Stadt als Gesamtkunstwerk

Florenz hat etwas mehr als sechs Millionen Besucher im Jahr und muss an manchen Sommertagen bis zu 6500 Reisebusse ertragen – und das bei gerade einmal 600 000 Einwohnern. Zwischen Frühling und Herbst ist hier mit chronischen Verkehrsstaus, langen Besucherschlangen vor Museen und Kirchen und den Protesten mancher Einwohner zu rechnen, die einen »Einfuhrstopp« für Reisende fordern, damit ihre Stadt nicht ganz zum Touristen-Trampelpfad verkommt.

Die Hauptstadt der Toskana ist ein Konglomerat aus Widersprüchen. Wer die unangenehmen Seiten dieser Widersprüche nicht unbedingt am eigenen Leibe miterleben möchte, sollte daher Florenz im frühen Frühjahr besuchen, bevor die ersten touristischen Heerscharen an den Arno kommen – oder aber im wunderbar milden Spätherbst.

Liest man Stadtbeschreibungen des Spätmittelalters und vergleicht das Gelesene von einem erhöhten Aussichtspunkt aus mit dem Jetzt-Zustand, so scheint diese Stadt eine der wenigen Kommunen Italiens zu sein, in der die Gebäude in der Vergangenheit höher waren als heute. »Es gab Hunderte von Türmen«, steht in einer alten Handschrift, und man fühlt sich dabei unwillkürlich an das »mittelalterliche Manhattan« San Gimignano mit seinen überaus prägnanten Geschlechtertürmen erinnert.

Doch die Florentiner Türme überlebten nicht, sondern wichen in der Renaissance prächtigen, prunkvollen Palästen – in jener Epoche also, die in Florenz ihre eigene Hauptstadt fand und der Stadt ihren Stempel so nachhaltig aufdrückte, dass sogar der dominante Stil des Barock nicht mehr besonders viel dagegen ausrichten konnte.

Wer sich von einem Reiseführer – sei es ein Mensch oder ein Buch – leiten lässt, wird von Dutzenden großer Namen förmlich erschlagen: Dante und Giotto, die Familie der Medici, Leonardo da Vinci, Michelangelo, Raffael und wie sie alle heißen. Für Florenz benötigt man Monate, um zumindest einen Bruchteil der immensen Kunstschätze nicht nur einmal gesehen, sondern vor allem auch verstanden und gewürdigt zu haben.

Sternstunden der Kunst haben in Florenz stattgefunden: der Dom Santa Maria del Fiore, Botticellis »Geburt der Venus« und die Piazza della Signoria. von oben nach unten

Die Villen der Medici

Reizvoll ist auch ein Ausflug in die Umgebung, zu den Villen der Medici. Diese Fürstenfamilie kultivierte – dem Geschmack der Zeit entsprechend – das exklusive Landleben und ließ sich herrliche Landhäuser bauen: Die Villa di Castello etwa, 5 Kilometer nördlich von Florenz, ist reich ausgestattet und verfügt über eine große Gartenanlage. Westlich von Florenz erhebt sich auf einem Hügel die Villa di Poggio a Caiano: Lorenzo der Prächtige erwarb die Villa im Jahre 1480. Sie birgt kostbare Holzdecken, Fresken von Jacopo da Pontormo und Gemälde mit Früchten, die eine Obstvielfalt zeigen, welche heute nicht mehr existiert.

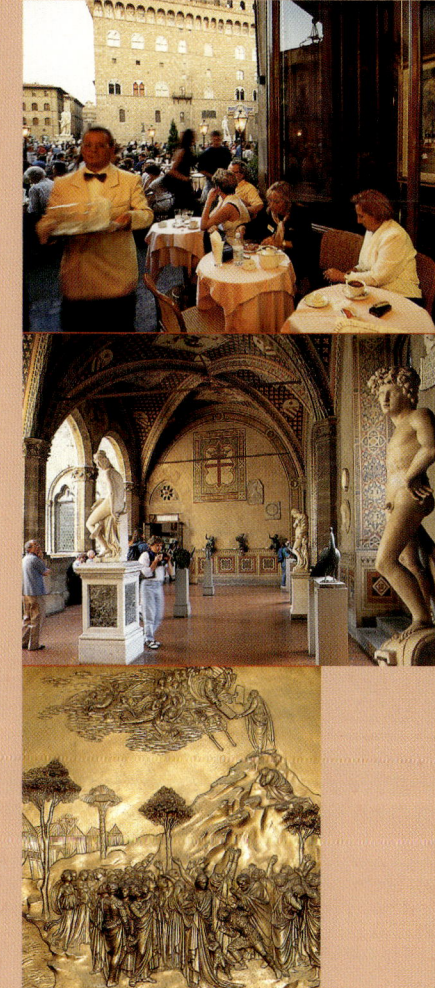

Wenn der Besucher keine Lust mehr auf große Kunst hat oder generell dem Tourismusrummel entfliehen will, empfiehlt sich die »Passeggiata ai colli«, der Spaziergang zu den Hügeln:
Dieser etwa zweistündige Fußweg nimmt seinen Anfang am linken Arnoufer. Er führt zunächst hinauf zum Aussichtspunkt Piazzale Michelangelo, der am frühen Morgen und am Spätnachmittag einen ganz besonders schönen Blick auf die Stadt bietet. Ganz in der Nähe liegt das romanische Architekturkleinod San Miniato al Monte, eine Kirche, die mit einer grün-weiß-gestreiften Fassade aufwartet.
Den Tag in Florenz sollte man in aller Ruhe auf den Terrassen der Fortezza del Belvedere, der Befestigungsanlagen beim Palazzo Strozzi, ausklingen lassen: Auf der Wiese kann man das Farbenspiel genießen, das das abnehmende Sonnenlicht auf die rötlichen Dächer zaubert; unten liegt die Stadt, und auf der Anhöhe locken Hänge mit Zypressen und vornehmen Villen zu weiteren, ausgedehnten Spaziergängen.

Herrliche Reliefs von Ghiberti zeigt die »Paradiestür« des Baptisteriums unten, und der Palazzo del Bargello stellt Meisterwerke der Renaissance aus Mitte.
Wer der Museen müde geworden ist, kann sich am Ufer des Arno ausruhen. oben

Das Städtchen Siena
beherrscht das
Umland mit seiner
exponierten Lage und
den dominanten
Stadttürmen.

Kleinode im Hinterland. *Orvieto* erhebt sich seit seiner Gründung durch die Etrusker auf einem riesigen Tufffelsen, so dass schon von weitem die mächtige Silhouette des gotischen Doms zu erkennen ist. Dieser bietet nicht nur eine eigenwillig und farbenfroh gestaltete Fassade aus dem 14. bis 16. Jahrhundert, sondern ein weiteres Kleinod: Luca Signorelli malte Ende des 15. Jahrhunderts die Cappella Nuova aus, ein Meisterwerk der Renaissance, das nach Jahren der Restaurierung jetzt wieder in seiner ganzen Farben- und Figurenpracht zu besichtigen ist. Interessant ist in Orvieto aber auch der Pozzo di San Patrizio, ein Brunnen, den Papst Klemens VII. bei Antonio da Sangallo d.J. in Auftrag gab. Das Eigentümliche dieses tief hinabreichenden, beeindruckenden Brunnens mit einem Durchmesser von 13 Metern und einer Tiefe von 62 Metern sind zwei Wendeltreppen: eine zum Hinunter- und eine zum Hinaufgehen.

10 Kilometer südlich von Orvieto liegt auf einem weiteren Tufffelsen *Civita Bagnoregio*, ein sehr malerisches und ganz kleines Dorf, das nur über eine Brücke erreichbar ist und traumhafte Blicke ins Tibertal bietet. An den Ufern des nahe gelegenen *Bolsenasees* lässt es sich herrlich ausruhen vor dem folgenden Besichtigungsstopp: *Pitigliano*. Diese kleine Ortschaft mit ihrem uralten Stadtkern liegt ganz versteckt zwischen Hügeln und Olivenfeldern auf einer Anhöhe. Zum Bau der Häuser, die sich relativ eng aneinander schmiegen, wurden dunkle Steine verwendet, was dieser Ortschaft eine ganz besondere Atmosphäre verleiht.

Eine schöne kleine Straße führt über San Martino sul Fiora nach Capanne und weiter nach *Saturnia*, das sich auf einem großen Travertinblock erhebt und seit den Zeiten der Antike besiedelt ist. Die Umgebung strahlt eine himmlische Ruhe aus – vielleicht dachten darum die Etrusker, dass hier der Gott Saturn zu Hause sei. Ganz in der Nähe von Saturnia sprudelt bei den *Terme di Saturno* heißes und heilkräftiges Wasser aus den Tiefen der Erde: Wo schon die alten Römer kurten, laden heute moderne Anlagen zu einem entspannenden Warmwasserbad.

Wein, Musik und schnelle Pferde. Von Saturnia aus geht es jetzt in das Weinherz der Toskana, nach *Montalcino* und *Montepulciano*: Namen, bei denen Kenner und Liebhaber des Rebensaftes in Aufregung geraten.

Beide Ortschaften leben vom Weinbau, und der »Brunello di Montalcino« sowie der »Vino Nobile di Montepulciano« gehören zu den besten Rebenprodukten der Welt. Montepulciano hat aber nicht nur

edle Tropfen zu bieten, sondern auch ein von dem deutschen Komponisten Hans Werner Henze ins Leben gerufenes Musik- und Theaterfestival, »Il Cantiere di Montepulciano«. Besuchenswert ist auch die »cantina«, der Weinkeller der Winzergemeinschaft Redi: Er erinnert mit seinen hohen Sälen an eine gotische Kirche, und einige der Fässer gehören zu den größten und ältesten ganz Italiens.

Montalcino und Montepulciano sind reizvoll auf Hügeln gelegen, und ihre Umgebung ist traumhaft schön: Zypressen und Weinfelder wechseln sich in unspekta-

kulärer Harmonie miteinander ab, und Weingüter laden zur Verkostung ein. Nördlich von Montalcino und Montepulciano liegt *Siena*, die architektonisch vielleicht homogenste Stadt der Toskana. Das Stadtbild von Siena ist durch das 14. Jahrhundert so nachdrücklich geprägt worden, dass auch die folgenden Jahrhunderte nicht viel Schaden anrichten konnten. Das Zentrum von Siena bildet der Campo, ein fächerförmiger Platz, umgeben von stolzen Patrizierhäusern; hier findet jährlich ein eigenartiges Pferdewettrennen statt, der Palio: Jedes Quartier von Siena stellt hierfür

Der schlanke, majestätische Dom von Siena entstand im 12. bis 14. Jahrhundert und ist gestreift wie ein Zebra. oben
Damenkränzchen all'italiana: Die »mamma« ist nicht gern allein, und so findet man sich zum Stricken zusammen, um die wichtigen Themen des Tages – das Wetter, die Nachbarn oder das neueste Kochrezept – zu erörtern. Mitte
Die Terme di Saturno sind auch für die Einheimischen eine Attraktion. unten

Malerische Ausblicke: die Crete bei Siena, die Rocca Nuova in Volterra und die Dächer von San Gimignano. von oben nach unten Etruskerkunst im Museum von Volterra. rechts

einen Reiter und ein Pferd, die man ins Rennen schickt. Der eigentliche Wettkampf ist kurz, denn die Pferde müssen nur ein einziges Mal um den Campo laufen. Egal, wer gewinnt – der Sieger wird mit einem ausgelassenen Volksfest in der ganzen Stadt gefeiert.

Vom 102 Meter hohen Turm (dem Torre del Mangia) des Palazzo Pubblico aus, der eine ganze Seite des Platzes einnimmt, wandert der Blick über die rötlichen Dächer der Stadt in eine nahezu intakte Natur. Siena ist eine Stadt der Kunst, und ein Tag wird nicht ausreichen, um auch nur das Wichtigste zu sehen.

Von stolzen und von schiefen Türmen. Die schönste Art, sich *San Gimignano* zu nähern, ist die Landstraße: Schon von fern sieht man die mittelalterliche Skyline mit den Geschlechtertürmen. Früher baute sich jede reiche Familie als Zeichen ihres Stolzes und ihres Wohlstands einen solchen Turm. Von den ehemals 72 Türmen aus dem 14. Jahrhundert sind zwar nur noch wenige übrig geblieben, doch diese verbleibenden 15 Türme sind ungemein beeindruckend.

Auch *Volterra* hat viele Geschichten zu erzählen. Auf dem Hügel, auf dem sich die Stadt erhebt, lebten schon die Etrusker und verarbeiteten Alabaster; die schönsten Alabasterurnen dieses rätselhaften Volkes kann man im Museo Etrusco Guarnacci

bewundern. Doch unglücklicherweise unterliegt der Hügel von Volterra einer ganz allmählich vor sich gehenden Erosion, die jedes Jahr wieder ein bisschen Erdreich abträgt; und so fällt die eine Seite der Stadt steil ab: Immer mehr Häuser sind heute vom Absturz in die gähnende Tiefe bedroht.

Über die Küste gelangt man zu dem am Meer gelegene *Livorno*. Von der alten Hafenstadt der Familie Medici, die der französische Reisende Charles de Brosses 1739 als »eine hübsche kleine Tabakdose« bezeichnete, ist leider nicht mehr allzu viel

zu sehen: Livorno ist heute in erster Linie als Fährhafen und Ausgangspunkt für die Schiffspassage nach Elba von Bedeutung. Nach *Pisa* zurückgekehrt, sollte man den Tag auf der Wiese unterhalb des Schiefen Turms ausklingen lassen: Wenn die Sonne sich verabschiedet und über den Horizont sinkt, die Reisebusse die lärmend-hektischen Tagestouristen wieder mitnehmen und die ebenso unvermeidlichen wie zahlreichen Souvenirbuden schließen, verwandelt sich der Campo mit seiner traumhaften Architektur in einen der schönsten Orte zum Träumen und Schwelgen.

Ein prächtiges Spektakel: Der Palio von Siena lockt Tausende von Touristen an. oben
Im Weinort Montalcino kann man die Weine der Region probieren. unten
Der Schiefe Turm von Pisa – ein viel bestauntes Phänomen. links
Bei Livorno trotzt die alte Festung dem Meer. Mitte

Planen und erleben ...

DIE HIGHLIGHTS

Pisa

An die Größe der einstmaligen Seerepublik Pisa erinnert nur noch die Piazza del Duomo: Zwar wollten die Pisaner immer schon hoch hinaus, doch beim Bau des Schiefen Turms verrechneten sie sich beim Gewicht des Bauwerks – es ist zu schwer und sinkt auf einer Seite in den Erdboden ab. So interessant wie der Turm ist der weiße romanische Dom; auch dem Baptisterium sollte man einen Besuch abstatten. Erst vor kurzem wurden zahlreiche römische Schiffe in der Nähe ausgegraben – ein Blick auf diese erstaunlich gut erhaltenen Transportmittel der Antike ist einen Abstecher wert.

Lucca

Die Stadt hat den Charme des 19. Jahrhunderts noch nicht verloren – jener Zeit, als hier Giacomo Puccini lebte und seine Opern komponierte. Der Dom, San Michele in Foro und San Frediano gehören zu den schönsten Bauwerken der italienischen Romanik. Wenn man die Via Fillungo – die quer durch das Zentrum führt – entlangpromeniert, läuft man quasi die Baugeschichte Luccas ab, denn alle Epochen hinterließen hier ihre Palazzi.

Florenz

Die Stadt am Arno lässt sich nicht in ein, zwei Tagen erschöpfend besichtigen: Entweder man sieht sie sich also gründlich an, oder aber man begnügt sich mit den High-

lights – den Uffizien, dem Dom, dem Baptisterium und dem Ponte Vecchio mit seinen zahllosen Schmuckgeschäften. Ebenso wie die Kunstwerke locken aber auch die vielen eleganten Geschäfte, lederverarbeitenden Betriebe und schönen Cafés. Man muss sich treiben lassen und sollte auf keinen Fall vor der großen Zahl an Museen und Kirchen kapitulieren.

Perugia

Perugia war schon im 1. Jahrtausend v. Chr. eine Metropole der Etrusker; auf den Resten ihrer Bauten errichteten die Römer Paläste und Tempel. Im Mittelalter und in der Renaissance erhielt die Stadt ihr heu-

tiges Aussehen; ein Gang von den Giardini Carducci zur Piazza 4 Novembre, wo die Kathedrale steht, führt vorbei an prächtigen Gebäuden. Der Brunnen aus dem 13. Jahrhundert vor der Kathedrale gilt als einer der schönsten des italienischen Spätmittelalters und ist das Werk der beiden Bildhauer Giovanni und Niccolò Pisano. Die typisch umbrische Malerei des 13. bis 15. Jahrhunderts mit ihren beeindruckenden Kreuzigungs-Darstellungen kann in der Galleria Nazionale bewundert werden.

Assisi

Hier konzentriert sich alles auf den heiligen Franz. Nach dem schweren Erdbeben vor einigen

Eine verschwiegene Entdeckung bei Assisi: ein turmbewehrter Palazzo im Wald. oben
Der Neptunsbrunnen auf der Piazza della Signoria in Florenz. Mitte
Macht müde Männer munter: Badeparadies in den Thermen von Saturnia. unten

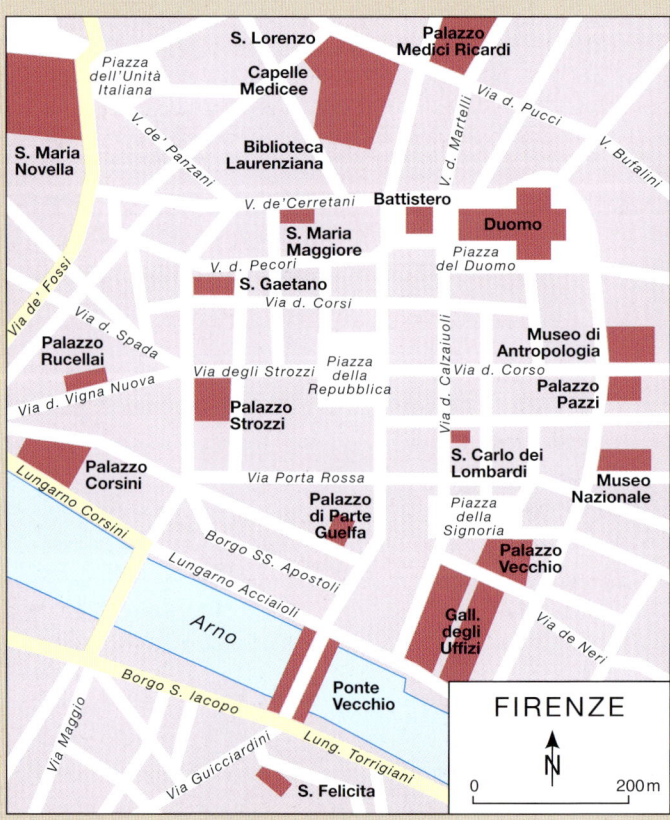

FIRENZE

0   200m

Die Weinklassiker

Der »Brunello di Montalcino« ist der international am meisten geschätzte Rotwein Italiens. Er wird aus einer Unterart der Sangiovese-Trauben, der Brunello-Traube, gewonnen und heute von einigen größeren Winzern und etwa hundert Kleinbetrieben angebaut; das Anbaugebiet hat sich in den letzten Jahrzehnten verdoppelt. Mindestens zwei Jahre reift der Brunello im Eichenfass und darf erst nach vier Jahren verkauft werden. Er ist ein üppiger Wein mit wuchtigem Bukett und hohem Säuregehalt.

Der »Vino Nobile di Montepulciano« entsteht in der Nähe aus der Sangiovese-Traube Prugnolo Gentile sowie Canaiolo- und Mammolo-Trauben; er wächst auf sandigeren Böden in einem kühleren Anbaugebiet und erreicht daher nicht die Fülle des Brunello, ist aber dennoch ein guter Prädikatswein. Weniger ausgezeichnete Lagen bringen unter anderem den »Rosso di Montepulciano« oder den »Chianti Colli Senesi« hervor.

Entfernungen

km		
	Pisa	620
	80 km	
80	**Florenz**	540
	177 km	
257	**Perugia**	363
	55 km	
312	**Spoleto**	308
	75 km	
382	**Orvieto**	233
	118 km	
500	**Siena**	115
	115 km	
620	**Pisa**	km

Jahren sind einige der interessantesten Gotteshäuser jedoch noch nicht wieder zugänglich: Die Restaurierungsarbeiten ziehen sich hin, denn die in Tausende von Splittern zerfallenen Fresken lassen sich nur unter großen Mühen wieder zusammensetzen. Frisch restauriert präsentiert sich allerdings die Kirche Santa Maria degli Angeli unterhalb von Assisi, in der die Porziuncola steht, eine Kapelle, die dem heiligen Franz als Betkapelle gedient hat.

Orvieto

Nicht nur der Weißwein aus Orvieto weiß zu bezaubern. Das gesamte Stadtbild ist besonders beeindruckend, denn es hat sich seit dem 18. Jahrhundert nicht wesentlich verändert. Die ehemalige Etruskerstadt erhebt sich auf einem mächtigen Felsen und ist durch die gewaltige spätgotische Fassade des Doms schon von weitem zu erkennen. Die Cappella della Madonna di San Brizio wurde im späten 15. Jahrhundert von Luca Signorelli

mit Fresken ausgemalt, die nach jahrelangen mühevollen Restaurierungsarbeiten heute wieder besichtigt werden können.

Montalcino – Montepulciano

Weinkenner wissen um die Qualität der örtlichen Rebenerzeugnisse: Der »Brunello di Montalcino« und der »Vino Nobile di Montepulciano« sind die besten Rotweine Mittelitaliens. Unterhalb von Montepulciano erhebt sich eine überaus eigenartige Kirche: Die Madonna di San Biagio aus dem 16. Jahrhundert verfügt über den Grundriss eines griechischen Kreuzes und gilt als eines der schönsten Werke der italienischen Renaissancearchitektur.

TIPPS FÜR UNTERWEGS

Die Toskana und Umbrien gehören zu den landschaftlich schönsten Regionen Italiens. Man sollte ruhig auch die kleinen Straßen befahren und in scheinbar unbedeutende Ortschaften »hineinschnuppern«: Hier findet man fast immer

sehenswerte Kirchen und Kapellen, kleine Plätze und einladende Trattorien. In der Toskana sollte man sich unbedingt zu Weinproben verführen lassen.

Souvenirs

Neben Wein nehme man auch kaltgepresstes Olivenöl mit nach Hause: Es gehört zu den besten Ölen Italiens. Auch die getrockneten Steinpilze sind hervorragend. In Umbrien sollte man den trockenen Weißwein aus Orvieto probieren. Südlich von Perugia lohnt ein Umweg nach Deruta: Die örtlichen Keramiken sind seit dem Mittelalter ein Begriff für bestes italienisches Kunsthandwerk. Das Gleiche gilt für die glasierten und emaillierten Keramiken aus Faenza.

Kostbares Winzergut: Trauben. links oben
Idyll bei Pienza: Italienisch leben heißt auf Hektik verzichten und Zeit haben. links unten
Höhepunkt der Saison ist jedes Jahr der Palio in Siena. unten

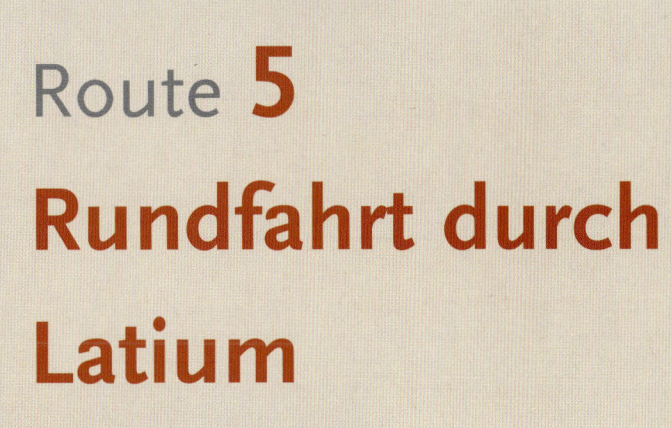

Route **5**

Rundfahrt durch Latium

Von der Ewigen Stadt Rom über die sanften Albaner Berge und die herben Abruzzen ins Hinterland Latiums und an die Küste des Tyrrhenischen Meers: Das Kernland der römischen Zivilisation hat neben historischen Monumenten auch jede Menge Natur zu bieten.

Ort der Begegnung: Es gibt wenige touristische Orte in Rom, an denen sich auch die Römer selbst so gern aufhalten wie an der Spanischen Treppe.

Alle Wege führen nach Rom

Wer der hektischen Millionenmetropole Rom entfliehen will, muss nicht weit fahren: Bereits vor den Toren der Kapitale beginnt eine Landschaft, die südliche Gelassenheit an den Tag legt. Hier gehen die Uhren langsamer, denn man passt sich dem Klima an – und dank dieser Bedächtigkeit lassen sich die zahlreichen Hinterlassenschaften aus Antike und Mittelalter noch genussvoller erleben.

Moderne »Legionäre« halten am Kolosseum die Touristen bei Laune und posieren auch gern einmal für ein Hochzeits- oder Gruppenbild.

Alle Wege führen nach *Rom* und damit in die Dauerstaus der Ewigen Stadt. Man sollte seinen Wagen deshalb an einer der Endhaltestellen der beiden römischen U-Bahn-Linien parken oder aber ein Hotel im »centro storico« mit Parkplatz buchen. In der Stadt selber empfiehlt es sich, sich zu Fuß oder mit Taxis und Bussen fortzubewegen, wenn man sich nicht ständig über den Verkehr ärgern will; um einen freien Parkplatz im Zentrum von Rom zu finden, braucht man mindestens so viel Glück wie für einen Lotteriegewinn. Wer seinen Wagen untergebracht hat, den erwartet Italiens sicherlich faszinierendste Stadt: Das vielgesichtige Rom hat an Kunst und Kultur so viel zu bieten, dass man kaum zum Luftholen kommt. Wem dieser gigantische Mix aus Ruinen und Kirchen, Palästen und Kunstsammlungen, Plätzen und turbulentem Leben zu viel wird, der sollte über die antike Via Tiburtina nach Tivoli hinausfahren.

Zunächst führt die Straße durch scheinbar endlose Vorstädte, denn seit der italienischen Staatseinigung in den siebziger Jahren des 19. Jahrhunderts entwickelten sich um das »centro storico« herum die neuen Stadtviertel. Dass dort heute rund 90 Prozent aller Römer leben, macht der extrem rege Autoverkehr deutlich. Doch hat man endlich die Stadt verlassen, dann öffnet sich die Landschaft, und das Fahren wird wieder angenehmer.

Residenzen der Sommerfrische. Dies ist die Campagna romana – in früheren Zeiten eine äußerst malerische Ebene, in der verstreut Bauernhäuser und römische Ruinen lagen. Später hat man neben diesen Zeichen einer vergangenen Epoche zumeist billige, auf jeden Fall aber hässliche Neubauten errichtet.

Schön wird es erst wieder in *Tivoli*. Die kleine Ortschaft liegt auf einem grünen Hügel und hat im Sommer genau das zu bieten, was die Römer schon immer liebten: frische und klare Luft. Zahllose Villen aus der Antike – wie die atemberaubende, mitten in der üppigen Natur gelegene Villa Adriana des Kaisers Hadrian – und aus der Renaissance, zum Beispiel die zauberhafte Villa d'Este aus dem 16. Jahrhundert in Tivoli, bezeugen das. Wenn an heißen Sommertagen Roms Stadtluft unerträglich wird, sollte man einen Spaziergang durch die von Kardinal Ippolito II. von Este errichtete Parkanlage unternehmen: Aus Dutzenden von Brunnen sprudelt das Wasser, dass es eine wahre Freude ist. Besonders gern verbrachten die Päpste und ihre Kardinäle den Sommer in den südlich von Tivoli gelegenen *Castelli Romani*, wie die Albaner Berge ebenfalls

Der Campo de' Fiori in
Rom wird jeden Morgen
zum Schaulatz regen
Markttreibens und nach-
mittags von Café- und
Restaurantbesuchern
bevölkert.

Die Fontana del Moro
blickt von Süden her
über die Piazza Navona,
unter der sich die Reste
des antiken Stadions von
Kaiser Domitian befin-
den. oben
Antike und moderne Pre-
tiosen. Mitte
Auf dem Cäsar-Forum
erheben sich die majes-
tätischen Säulen des
Venus-Genitrix-Tempels.
unten
Der Schildkrötenbrunnen
im Judenviertel gehört zu
den heimlichen Lieblin-
gen der Römer. rechts

genannt werden. Diese Berge, fast alles
ehemalige Vulkane, laden mit ihren Kasta-
nienwäldern und Wiesen, mit lauschigen
Aussichtspunkten und Restaurants zu
einem Ausflug ein, für den man von Rom
aus einen ganzen Tag einplanen sollte.
Im 16. und 17. Jahrhundert wurden hier
unzählige Luxusvillen mit weiten Parks
gebaut: Schließlich mussten dort, wo der
Papst im Sommer residierte, auch seine
Kardinäle weilen. So finden sich in den
Castelli zahlreiche herrliche Bauten des
Barock. Im Zweiten Weltkrieg wurden
einige dieser Villen leider schwer beschädigt oder sogar zerstört; doch die majestätische Villa Aldobrandini im Weinort *Frascati*, der nahezu vollständig dem Erdboden
gleichgemacht wurde, blieb wie durch ein
Wunder verschont. In dieser Villa ließ es
sich übrigens schon Goethe auf einer seiner italienischen Reisen gut gehen.

Sanfte Seen und stille Strände. Lohnenswert ist eine Rundfahrt um den *Lago Albano*, der von dem oben auf dem Kraterrand gelegenen Ort *Castel Gandolfo*
beherrscht wird. In diesem Dorf hat der
Papst hinter hohen Mauern seine Sommerresidenz; der Freizeitsportler Johannes
Paul II. ließ sich dort, als er noch fit war,
im Park seiner Villa einen Pool anlegen.
Auch schöne Aussichtsterrassen laden in
Castel Gandolfo zu einer Rast ein. Von
dem nahen Örtchen *Nemi* oberhalb des
Nemisees bietet sich bei gutem Wetter ein
herrlicher Blick auf beide Seen und das in
der Ferne liegende Meer.
Von Castel Gandolfo aus ist es nicht weit
nach *Anzio*, dem antiken Antium, wo Nero
das Ende des Brandes von Rom abwartete.
Heute ist das an der Spitze eines Vorgebir-
ges gelegene Anzio ein beliebtes und im
Sommer recht überfülltes Badestädtchen
mit Jachthafen. Die Soldatenfriedhöfe, die
in den nahen Hügeln liegen, erinnern
daran, dass am 22. Januar 1944 an der
Küste bei Anzio Engländer und Ameri-
kaner landeten, um Rom endlich von den
Faschisten zu befreien.
Entlang der Küstenstraße nach Sabaudia
bieten sich zahlreiche Möglichkeiten für

einen Sprung ins Meer und einige stille
Stunden in den Dünen. In den fünfziger
und sechziger Jahren war dieser Küstenabschnitt bei der römischen Schickeria
ganz besonders in; Schriftsteller wie Alber-
to Moravia und Pier Paolo Pasolini verbrachten den »Ferragosto«, die heißen
Augustwochen, in dieser Gegend.
Dass der italienische Faschismus – ganz
anders als der deutsche Nationalsozialis-
mus – in der Architektur nicht den neo-
klassizistischen, sondern einen modernen
Stil bevorzugte, der sich am deutschen
Bauhaus orientierte, beweist die Stadt
Sabaudia. Ihre rationalistische Bauweise
wird noch heute von Architekten aus aller
Welt aufgrund ihrer geglückten Harmonie
zwischen Gebäuden und Grünflächen als
vorbildlich und beispielhaft für humanen
Städtebau gewürdigt.

»Ein rötlicher Glanz lag auf den alten Brücken,
der sie wieder wie neu aussehen ließ. Das Pan-
theon, gefurcht wie ein altes Gesicht, war mit
seinen bröckeligen Mauern von Sonnenlicht
überflutet.«

Charles Dickens, Bilder aus Italien, 1846

The map (see image) shows the route through the region with the following labels:

Lago di Corbara · Orvieto · Spoleto · Gran Sasso d'Italia · Pescara · Lago di Bolsena · Terni · Posta · Corno Grande 2912 m · L'Aquila · Chieti · Bomarzo · Cascata delle Marmore · Montefiascone · Rieti · Bominaco · Navelli · Popoli · Viterbo · Tevere/Tiber · Appennino · Raiano · Pratola Peligna · Maremma · Pescina · PARCO · Tarquinia · Lago di Bracciano · Civitavecchia · Bracciano · Anguillara Sabazia · Tivoli · Villa Adriana · Pescasseroli · NAZIONALE · Cerveteri · Frascati · D'ABRUZZO · Via Aurelia · Roma/Rom · Frosinone · Atina · Ostia Antica · Castel Gandolfo · Lago Albano · Lago di Nemi · Velletri · Abbazia di Montecassino · Cassino · Lido di Ostia · Aprilia · Tyrrhenisches Meer · Latina · Abbazia di Fossanova · Anzio · Terracina · Formia · Sabaudia · Sperlonga · Gaeta · Monte Circeo 541 m

Dem Zauber Latiums erliegen. Von Sabaudia aus geht es auf den knapp 500 Meter hohen *Monte Circeo*, wo der antiken Sage nach die Zauberin Circe wohnte, die Odysseus zu verführen suchte. Richtung Süden liegt im Golf von Gaeta die Ortschaft *Terracina* – wieder ein Ort, an dem in der Antike reiche Römer die Sommerfrische verbrachten. Oberhalb des Ortes erreicht man zu Fuß in einer Viertelstunde den gigantischen Tempel des Jupiter Anxur. Zu sehen sind heute allerdings nur noch die Basis und ein Bogengang dieses Tempels, doch auch diese Reste sind gewaltig und beeindruckend. Der Ausblick reicht von hier aus über die gesamte Küste hin zu den Pontinischen Sümpfen und zur Ebene von Fondi mit ihren Seen. Ebenfalls am Meer liegt *Sperlonga* mit seinen alten Gassen, den weiß getünchten

Häusern und hübschen Geschäften; Kaiser Tiberius, Adoptivsohn und Nachfolger des Augustus, baute sich in der Nähe direkt am Meer eine Luxusvilla, deren gewaltige Reste noch heute Eindruck machen. Das nahe *Gaeta* ist auf der südlichsten Landspitze angesiedelt, die in den Golf von Gaeta reicht, und wird malerisch vom Monte Orlando überragt. Den Golf entlang führte schon in der römischen Antike eine Straße mit überwältigenden Aussichtspunkten nach *Formia*, wo Ciceros »Ferienvilla« stand.

Die teils karstigen Monti Aurunci muss man passieren, um nach *Cassino* zu gelangen, das durch seine im Jahr 529 vom Heiligen Benedikt von Nursia auf den Ruinen einer antiken Akropolis errichtete Abtei *Montecassino* jedem Schulkind ein Begriff ist. 1944 wurde die über eine Serpentinen-

Die Villa Adriana vor den Toren Tivolis ist ein gewaltiges Zeugnis der Cäsaren-Baukunst. oben

straße erreichbare Klosteranlage durch alliierte Bomben zerstört; man baute jedoch später diesen mächtigen Komplex originalgetreu wieder auf. Während er von außen eher schlicht wirkt, ist das Innere prächtig ausgeschmückt.

Vom Kloster aus sieht man Richtung Norden das Gebirgsmassiv der Abruzzen, das man über das antike *Atina* erreicht. Das von dichten Wäldern umgebene *Pescasseroli* befindet sich bereits im *Nationalpark der Abruzzen*; dank ihrer geographischen Isolierung und ihres rauen Klimas ist diese urwüchsige Landschaft noch relativ unberührt von Blechlawinen und sonntäglichen Picknick-Touristen. Pescasseroli selbst liegt in einem Tal, umgeben von Hochebenen und steilen Schluchten, Seen und Weidegebieten.

Quer durch die Abruzzen. Vom mittelalterlichen *Pescina* blickt man auf die Piana del Fucino – hier befand sich einmal Italiens drittgrößter See, doch Kaiser Claudius ließ ihn trockenlegen und Getreidefelder ansäen, um so die hungrigen Mäuler der armen Bevölkerung in Rom stopfen zu können. Via Raiano erreicht man bei *Pratola Peligna* Corfinio. In der Antike lebte hier der Stamm der Italiker, und hier wurde auch die erste Münze geprägt, auf der das

Wort »Italia« geschrieben stand. Die Ruinen der uralten Siedlung ebenso wie die romanische Kirche San Pelino mit ihrer wunderschönen Apsis liegen ein Stück weiter nördlich und lohnen einen Umweg allemal.

Von *Popoli* aus, wo es die Taverna Ducale, einen sehr eleganten gotischen Palast, zu besuchen gilt, passiert man ein Tal und eine weite Hochebene Richtung L'Aquila. In dem kleinen, verschlafenen Ort *Navelli*, von welchem aus man einen herrlichen Ausblick auf die Bergwelt des 2912 Meter hohen Gran Sasso d'Italia (dem »großen Felsen«) hat, wird, so wissen Gourmets, der Welt bester Safran gepflückt und getrocknet, und in der örtlichen Kooperative kann diese sonst teure Spezerei preiswert erworben werden. In der Nähe liegt *Bominaco* auf fast 1000 Meter Meereshöhe; in diesem verlassen wirkenden Ort steht die Kirche Santa Maria Assunta, die eines der schönsten Beispiele romanischer Architektur in den Abruzzen ist.

Spektakuläre Meisterwerke. *L'Aquila* wurde im 13. Jahrhundert von Stauferkaiser Friedrich II. gegründet und ist von romanischen Kirchen und Palästen der Renaissance geprägt. Die Basilica di San Bernardino ist das prächtigste Gotteshaus der Stadt und ein Meisterwerk der Renaissancebaukunst. Eine ungewöhnliche, gemusterte Fassade bietet die Basilika Santa Maria di Collemaggio aus dem 13. Jahrhundert.

Nach den Kunstgenüssen, die L'Aquila zu bieten hat, ist es wieder Zeit für ein wenig Naturvergnügen: Einige Kilometer hinter *Terni* – einer Industriestadt mit einem hübschen Zentrum, die schon in Umbrien liegt – hält die *Cascata delle Marmore* ein selbst für Italien faszinierendes Naturspektakel bereit: Die Römer, denen wohl nichts unmöglich war, konstruierten diesen auf dem gesamten Stiefel höchsten Wasserfall, um auf diese Weise eine größere Wasserkraft zu erzeugen und das Wasser besser nutzen zu können. Fortsetzung Seite 106

Zu den Perlen des Tyrrhenischen Meers gehören Gaeta oben und Terracina links unten. Hier verbinden sich südliches Ambiente und römische Geschichte zu einer unnachahmlichen Mischung.
Architektonische Vielfalt: Aristokratische Villen am Strand von Anzio Mitte und die moderne Kathedrale von Sabaudia. unten

Der Vatikan: Ein Zwergstaat mit Riesenmacht

Die Vatikanstadt bildet den kleinsten Staat der Welt, zählt nur etwa tausend Einwohner und herrscht dennoch (in der Person des Papstes) über rund eine Milliarde Menschen. Der »Stato della Città del Vaticano« liegt zwar auf römischem Stadtgebiet, hat aber alles, was ein echter Staat haben muss: eine eigene Post, eigene Briefmarken, ein Gesundheitssystem, eine Sternwarte, Soldaten, einen Bahnhof und eine Bank. Sogar einen kleinen Kerker gibt es, der heute aber leer steht. Wenn man den Petersplatz oder den Petersdom betritt, befindet man sich bereits im Vatikan; wer jedoch noch tiefer in den Kirchenstaat vordringen will, hat folgende Möglichkeiten: Man kann links von der Front des Doms zu dem wachhabenden Schweizergardisten gehen und nach dem Deutschen Friedhof fragen, dem Campo Santo Teutonico – der kleine, romantische und zypressenbestandene Friedhof ist seit dem 16. Jahrhundert letzter Ruheort deutschsprachiger Romreisender.

Eine andere Möglichkeit, ins Reich des Papstes zu gelangen, ist das Büro für Ausgrabungen, das Ufficio Scavi. Ebenfalls linker Hand von der Peterskirche fragt man nach diesem Büro und erhält dort einen Führungstermin für die Ausgrabungen unter der Petersbasilika. Der Gang durch die altrömische Gräberstadt – eines der Gräber soll das von Petrus sein – ist faszinierend.

Die Vatikanischen Gärten wiederum können mit einem Kleinbus besucht werden. Das Tourismusbüro des Vatikans organisiert auch Führungen durch die Gärten: ein ganz besonders schönes Erlebnis. Auch beim Besuch der Vatikanischen Museen, für deren Besichtigung man sich ausreichend Zeit nehmen sollte, betritt man vatikanisches Territorium. Allerdings ist es in der Hochsaison in den Sälen stets so voll, dass der Besuch der Museen nicht immer ein Vergnügen ist.

Wer Parfum und andere Toilettenartikel besonders preiswert und noch dazu auf dem »altehrwürdigen« Terrain des Vatikans erwerben will, der nehme ein ärztliches Rezept für eine Arznei mit nach Rom (es muss ja nicht unbedingt ein lebenswichtiges Herzmedikament sein). Dieses Rezept zeigt man dem Schweizergardisten an der Porta Santa Anna vor, dem offiziellen Einlass in den Zwergstaat rechts vom Petersplatz. Im Büro für Passierscheine füllt man dann einen solchen Schein aus, und schon ist man mitten im Vatikan. Vorbei am Büro der Vatikanpost, wo man auch Postkarten abschicken kann – sie kommen übrigens mit Sicherheit schneller an als mit der italienischen Staatspost –, erreicht man dann die Apotheke.

Monumentaler Bau: die Engelsburg. oben
Die Vatikanpost hat der staatlichen Post schon längst den Rang abgelaufen: Sie ist zuverlässiger und schneller. Mitte
Michelangelos berühmte Pietà steht hinter Glas. rechts

Die Schweizergarde

Die Leibwache des Heiligen Vaters ist die sogenannte Schweizergarde, deren Mitglieder
bestimmten Anforderungen entsprechen müssen, um im Vatikan Dienst tun zu können: So werden nur katholische Männer mit Schweizer
Staatsbürgerschaft aufgenommen, die zwischen
19 und 25 Jahren alt, ledig, bartlos und mindestens 1,74 Meter groß sind; ihre Dienstzeit liegt
ferner bei wenigstens zwei und höchstens 20
Jahren. Die Garde muss immer aus exakt 100
Mann bestehen: 4 Offizieren, 1 Kaplan, 25 Unter-
offizieren und 70 Hellebardieren.
Die Uniformen der Schweizergardisten in den
Farben der Medici-Päpste wurden nicht, wie oft
behauptet, von Michelangelo entworfen, sind
aber dennoch ein Augenschmaus und ungemein
kleidsam.

Der Petersdom gehört zu
den heiligsten Stätten
der Christenheit: In dem
frühchristlichen Friedhof
unter dem Hauptschiff
glaubt man, das Grab
Petri gefunden zu haben.
Im 15. Jahrhundert wurde
mit dem Bau des Domes
begonnen.

Die Ausgrabungen
von Ostia Antica kön-
nen sich durchaus
mit Pompeji messen
– nur geht es hier
viel ruhiger zu.

Bomarzo liegt bereits wieder in Latium. Zwischen 1522 und 1580 ließ der eigenwillige Herzog Vicino Orsini sich in der Nähe seines Schlosses den Parco dei Mostri oder Sacro Bosco anlegen, einen manieristischen Zaubergarten mit Phantasiegestalten, bizarren Skulpturen, schiefen Häusern und riesigen Steinmäulern. Der Umstand, dass diese seltsamen Bauten von Bäumen und Büschen umstellt sind, macht aus diesem Garten einen ungemein reizvollen und romantischen Ort.

In den Weinbergen von *Montefiascone* wird einer der besten Weißweine Mittelitaliens, der »Est!Est!!Est!!!«, angebaut. Sein ungewöhnlicher Name geht auf den deutschen Prälaten Johannes Fugger aus Augsburg zurück, der in der romanischen Kirche des Städtchens, San Flaviano, begraben ist. Er war ein versierter Weinkenner und schickte auf seiner Reise nach Rom einen Diener voraus; dieser hatte die Aufgabe, an all jene Herbergstüren das Wort »Est!« (von »vinum est bonum«, der Wein ist gut) zu schreiben, wo es gute Tropfen zu verkosten gab. In Montefiascone schrieb der Diener gleich dreimal dieses Wort an eine Tür – und ein Weinmythos war geboren.

Metropolen der Etrusker. Unterhalb von Montefiascone liegt der *Lago di Bolsena*, ein relativ großer See vulkanischen Ursprungs.

Bolsena ist ein beliebtes Ausflugsziel der Römer und sollte daher an Wochenenden gemieden werden. Zu empfehlen ist aber eine Fahrt um den See.

Viterbo liegt südlich des Sees auf einem mächtigen Felsen und war schon bei den Etruskern eine veritable Metropole; von diesem rätselhaften Volk, dessen Schrift noch nicht vollständig entziffert werden konnte, zeugen Hunderte von heute leeren Gräbern, die in den Felsen, auf dem die Stadt steht, gehauen wurden. Winzer lagern hier gern ihre besten Flaschen, denn die Temperatur in den Gräbern ist das ganze Jahr über relativ konstant.

Viterbo ist von einem nahezu intakten Mauerring umgeben; besonders schön sind die Gassen des Viertels San Pellegrino, das seinen noch volkstümlichen und spätmittelalterlichen Charakter bewahren konnte. Im 13. Jahrhundert residierten im gotischen Palazzo dei Papi die Päpste. Richtung Sopriano, einige Kilometer östlich von Viterbo, baute der Architekt Giacomo Vignola ab 1562 die aufgrund ihres Renaissanceparks und der großen Brunnenanlage sehenswerte *Villa Lante*. Inmitten einer felsigen und rauh wirkenden Landschaft liegt auf einem Hochplateau *Tarquinia*, wieder eine Stadt der Etrus-

ker, des geheimnisvollen Volkes, das noch vor den Römern – seine Blütezeit dauerte vom 7. bis zum 4. vorchristlichen Jahrhundert – das Kernland Italiens beherrschte. Von den Etruskern weiß man heute immer noch wenig, sind doch kaum Schriftzeugnisse direkt von ihnen oder durch die Vermittlung römischer Autoren überliefert; das Medium, wodurch dieses Volk zur Nachwelt spricht, sind vielmehr seine Kunst und seine Totenstädte. Vier Kilometer südöstlich von Tarquinia beispielsweise bestatteten die Einwohner der etruskischen Stadt ihre Toten in einer bemerkenswerten Nekropole: Hier finden sich etwa 600 Grä-

Die Abtei von Montecassino, wie sie sich heute präsentiert. links L'Aquila liegt am Nationalpark Gran Sasso d'Italia. oben Überraschung am Wegesrand in den Abruzzen: die romanische Kirche San Pelino. unten

Die Arkaden von L'Aquila
atmen die ländliche
Beschaulichkeit der Pro-
vinz. Mitte
Erbe der Etrusker: geflü-
geltes Pferd im National-
museum von Tarquinia
unten, die Nekropole
von Cerveteri mit Hügel-
gräbern. oben

ber aus dem 6. bis 1. Jahrhundert v. Chr.
Sie stehen dicht beieinander, sind mit Gras
bewachsen und durch Straßen miteinander verbunden.

Zwischen Gräbern und Antiken. Die ehemalige Via Aurelia führt über die Hafenstadt *Civitavecchia,* wo eine von Michelangelo vollendete Festung über den Hafen
wacht, nach *Cerveteri.* Auch diese einstige
Etruskerstadt kann mit einer beeindruckenden Totenstadt aufwarten: Dank einer
üppigen, wilden Vegetation wirken hier die
teilweise reich verzierten »tombe« – Gräber – sehr romantisch.
Bevor es wieder nach Rom zurückgeht,
lohnen ein Abstecher und ein erfrischen-
des Bad im *Lago di Bracciano,* einem See,
der den Krater eines riesigen erloschenen
Vulkans ausfüllt; er ist eines der beliebtesten Ausflugsziele der Römer (an den
Wochenenden sollte man daher den See
meiden), und auch viele Deutschrömer

Die Gräber der Etrusker

Die Etrusker waren überzeugt davon, dass sie
nach ihrem Tod in einer Art Paradies weiterleb-
ten; die Grabkammern in den etruskischen Nekropolen von Tarquinia und Cerveteri vermitteln
einen Eindruck von dieser Jenseitsvorstellung.
Diese Kammern befinden sich in großen Hügel-
gräbern oder aber unter der Erde und sind wie
Zimmer gestaltet, mit Wandschmuck und Liegen
aus Stein. Auf diesen Liegen lagen in der Antike
Steinskulpturen, die die Verstorbenen darstellten.
Wer sich die heiteren Gesichter dieser Skulpturen ansehen will, sollte dem Museum in Cerveteri oder der römischen Villa Giulia einen Besuch
abstatten.
Als Raumschmuck dienten aufwändige Stuck-
arbeiten an Wänden und Decken sowie beeindruckende Fresken. In der Tomba dei Rilievi in
Cerveteri etwa sind alltägliche Szenen nachemp-
funden, in Tarquinia in der so genannten Tomba
dei Tori, dem Grab der Stiere, erotische Szenen
zu bewundern.

haben hier ihre Ferienhäuschen. *Anguillara Sabazia* mit seinem mittelalterlichen Stadtkern ist die vielleicht schönste Stelle am See, während man von den Zinnen der Festung Orsini-Odescalchi in *Bracciano* einen wunderbaren Blick auf den Vulkansee und die Hügel hat.

Auf dem Rückweg nach *Rom* kommt man unweigerlich auf den Grande Raccordo Anulare, einen Autobahnring von 8 Kilometer Radius, der rund um die Hauptstadt führt; von hier zweigt die Autobahn Richtung *Lido di Ostia* ab. Das Meer ist bei Ostia jedoch nicht gerade paradiesisch, denn die dort mündenden Fluten des Tibers geben dem ohnehin schon stark belasteten Wasser seit Jahren mit ihren Abwässern aus der Millionenmetropole ökologisch den Rest.

Daher ist der Besuch von *Ostia Antica* ungleich interessanter als ein Strandausflug: Ganz anders als in Rom, wo die antiken Ruinen in späteren Jahrhunderten überbaut oder gar in Neubauten integriert wurden, kann man in der ehemaligen Hafenstadt noch einen Hauch vom Leben der alten Römer spüren. Teilweise sind die Gebäude noch ausgezeichnet erhalten und vermitteln ein lebendiges Bild vom Alltag einer kleinen Stadt im Römischen Reich 2000 Jahre vor unserer Zeit.

Am Lago di Vico großes Bild und am Strand von Santa Marinella oben. Das Forum Romanum, die Keimzelle Roms, sonnt sich in den letzten Strahlen des Tages. Mitte Die Kaffeepause ist ein italienisches Nationalheiligtum. unten Hier verbrachte bereits der römische Staatsmann Cicero seinen Urlaub: Formia am Golf von Gaeta. links

Planen und erleben ...

DIE HIGHLIGHTS

Rom

Wohl nirgendwo sonst feiert das Barock so herrliche Triumphe wie in der Ewigen Stadt: Sie ist ein offenes Buch der (Kunst-)Geschichte, und ein einziger Tag in Rom lässt erahnen, dass ein ganzes Leben nicht ausreicht, um alles zu sehen.

Wenn man die Kuppel des Petersdoms hinaufsteigt, bietet sich ein phantastischer Blick. Auch die Altstadt erwandert man sich am besten von einer Piazza zur nächsten und lässt das bunte Leben auf sich wirken. Die Vatikanischen Museen sollte man gleich am Morgen aufsuchen, da die Warteschlangen sonst sehr lang sind.

Frascati – Castelli Romani

Die Hügel und Berge südöstlich von Rom werden Castelli Romani, »römische Schlösser«, genannt, denn hier errichteten sich im Barock Päpste und Kardinäle ihre prächtigen Sommerresidenzen. Noch heute ist die Landschaft waldreich und ländlich, und bis auf Frascati, wo Touristen in Hundertschaften den berühmten Wein verkosten, sind die Ortschaften ruhig und still. Schön ist der Blick von Castel Gandolfo auf den Albaner See, an dessen Ufer Pizzerien und Trattorien locken.

Montecassino

Auch wenn diese riesige, auf einer Bergspitze gelegene Benediktinerabtei 1944 durch alliierte Bomben zerstört wurde, bietet das wieder aufgebaute Kloster viel Kunst: Das Innere der Anlage ist prächtig mit Marmor, Mosaiken, Fresken und Stuck ausgestattet. Zum Glück wurde das herrliche Klostergestühl aus dem 17. Jahrhundert noch rechtzeitig vor den Bomben gerettet. Im Klostermuseum wird die wechselhafte Geschichte des Klosters erzählt.

Nationalpark der Abruzzen

Dieser 40 000 Hektar große Nationalpark bietet unberührte tiefe Wälder, hohe Berge und stille Täler. Fast 70 Prozent des Parks sind mit uralten Wäldern bedeckt, in denen Wölfe und Bären leben. In den Park fährt man im Osten bei Villetta Barrea, im Westen bei Forca d'Acero und im Norden bei Gioia Vecchia. Wanderungen sollte man vorplanen und sich nur mit einer guten Wanderkarte auf den Weg machen – und man sollte sich auch erkundigen, wo sich in der Regel Wölfe und Bären aufhalten, um unangenehme Begegnungen zu vermeiden.

Bomarzo

In der Nähe von Viterbo lockt der ungewöhnliche Garten »Sacro Bosco« mit bizarren und seltsamen Skulpturen: Der extravagante Herzog Vicino Orsini legte im 16. Jahrhundert diesen Privatpark an, um seine Besucher zu überraschen. Die beste Besichtigungszeit ist der Morgen, der Frühling oder Herbst: Man muss den Monstergarten ohne viele Touristen genießen – nämlich dann, wenn er fast leer ist und ganz besonders romantisch und geheimnisvoll wirkt.

Viterbo

Diese Stadt war einmal Residenz der Päpste, daher erklären sich auch die vielen mittel-

Wundervolle Landschaft hat der Abruzzen-Nationalpark zu bieten. oben
Nächtliche Silhouette des päpstlichen Palastes in Viterbo. Mitte
Der Vierströmebrunnen von Bernini auf der Piazza Navona in Rom. unten

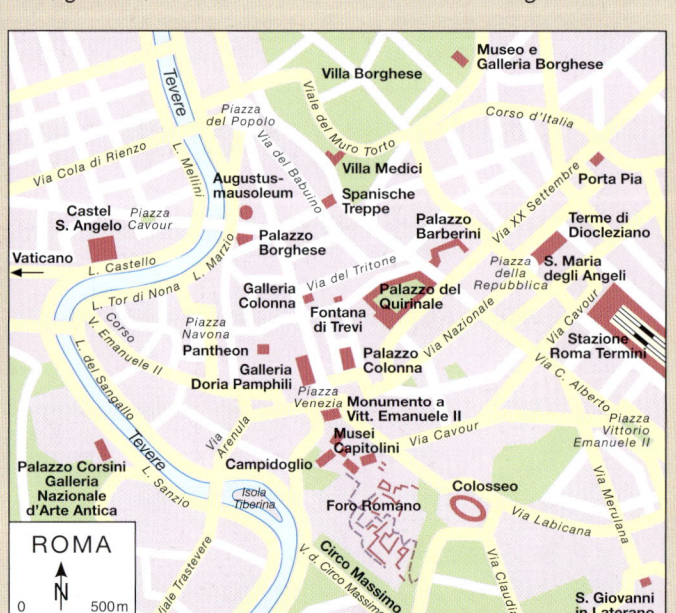

Auf Goethes Spuren durch Italien

Goethe reiste im September 1786 Hals über Kopf nach Italien, um der bürgerlichen Enge im heimischen Weimar zu entfliehen; sein Aufenthalt im »Land, wo die Zitronen blühn« sollte schließlich bis Mitte 1788 dauern. Norditalien ignorierte der Geheime Rat so gut wie ganz in seinem Tagebuch; von seinem geliebten Rom und dem Süden berichtete er hingegen ausführlich.

Wer wissen will, wo und wie Goethe in Rom, wo er sich die meiste Zeit über aufhielt, lebte, besuche die Casa di Goethe in der Via del Corso 18: Hier, wo der Dichterfürst seinerzeit bei seinem Landsmann, dem Maler Tischbein, zur Untermiete wohnte, ist heute ein Kulturinstitut und Museum untergebracht. Die klassische Epoche in Goethes Schaffen wurde in Italien eingeläutet – hier gab er der »Iphigenie« den letzten Schliff und entwarf den »Torquato Tasso«.

Er vertiefte auch seine ästhetischen und wissenschaftlichen Studien: Noch heute wird in Padua die »Palma di Goethe« gezeigt – jene Palme, die der Forscher für naturwissenschaftliche Untersuchungen benutzte; und in Palermo hoffte er gar, die »Urpflanze« zu finden.

alterlichen Paläste und Kirchen. Bei einem Gang durch das Stadtviertel San Pellegrino bekommt man den Eindruck, dass sich seit dem Mittelalter nicht viel verändert hat: Die vielen Türme, die engen Gassen und die für Viterbo typischen Außentreppen, über die man das erste Stockwerk der alten Wohnhäuser erreicht, verleihen diesem Viertel einen ganz besonderen Reiz. 5 Kilometer nördlich von Viterbo steht die frühbarocke Villa Lante mit ihren herrlichen Garten- und Brunnenanlagen, deren Besuch sich durchaus lohnt.

Tarquinia

Die Stadt war in der Zeit der Etrusker eine belebtes Zentrum. Von den Häusern und Tempeln dieses Volkes ist zwar nicht viel geblieben, doch ihre Nekropolen, ihre Totenstädte, lassen sich besichtigen – wie auch in Cerveteri. Die Gräber wirken von außen fast nichtssagend, bieten aber innen wunderbare Wandmalereien und Stukkaturen. Spannend ist auch ein Besuch im Museo Nazionale Tarquinense; hier wird die Kunst dieses geheimnisvollen Volkes gezeigt, das noch einige Rätsel aufgibt.

Ostia antica

Diese Ortschaft war in der Antike der Hafen Roms; heute, 2000 Jahre später, liegt das Meer einige Kilometer entfernt, und Ostia ist – ähnlich wie Pompeji – eine erstaunlich gut erhaltene antike Stadt. Man erreicht die Ausgrabungen entweder mit dem eigenen Wagen, Richtung Flughafen Fiumicino, oder aber mit der S-Bahn von der Stazione Ostiense Richtung Ostia Lido aus. Einige Häuser, ein Theater und Thermen, Geschäfte, Kneipen und öffentliche Bedürfnisanstalten mit Löchern in den Steinbänken wirken wie Kulissen in einer Filmstadt. Einige der Fassaden reichen selbst heute noch bis zu 10 Metern hoch.

TIPPS FÜR UNTERWEGS

Nach Rom fährt man besser nur mit dem Wagen hinein, wenn man einen Hotelparkplatz hat: Falschparker – selbst wenn es sich dabei um ahnungslose Touristen handelt – werden gnadenlos zu Geldstrafen »verdonnert«. An der Küstenstraße zwischen Gaeta und Formia kann man wunderschöne Badestrände entdecken. Am Ufer des Nemisees wiederum befindet sich ein kleines Museum, in dem die Reste römischer Schiffe aus dem See ausgestellt sind. Wer zur Papstaudienz im Sommer nach Castel Gandolfo will, nimmt entweder den eigenen Wagen oder aber von der Stazione Termini in Rom aus den bummeligen Nahverkehrszug. Die Strecke ist schön und abwechslungsreich, aber wer nicht gut zu Fuß ist, muss bedenken: Vom Bahnhof in Castel Gandolfo muss man zum Ort den Berg zu Fuß erklimmen.

Souvenirs

Ein Stück des herzhaften Pecorinos, des typischen Schafskäses aus Latium, sollte man schon nach Hause mitnehmen, und auch der Provolone, ein pikanter Knetkäse, ist nicht zu verachten. Weinliebhaber werden in den Castelli Romani auf ihre Kosten kommen: Neben süffigen und qualitativ eher zweifelhaften Massenprodukten finden sich hier auch einige buchstäblich ausgezeichnete Weiß- und Rotweine. Für Modebewusste ist ein Einkaufsbummel in Rom natürlich ein Muss und die Gelegenheit, italienischen Chic mit nach Hause zu nehmen.

Entfernungen

km		
	Rom	764
	100 km	
100	**Anzio**	664
	107 km	
207	**Gaeta**	557
	110 km	
317	**Abruzzen/Pescasseroli**	447
	158 km	
475	**L'Aquila**	298
	93 km	
568	**Terni**	176
	61 km	
629	**Viterbo**	135
	135 km	
764	**Ostia Antica**	km

Von hier oben versuchte die Zauberin Circe, Odysseus zu betören.
oben
In Ostia Antica lässt sich Kultur mit einem Spaziergang verbinden.
unten

Route **6**

Durch Apulien und die Basilicata

Durch das römisch-staufisch geprägte Apulien hinunter an das südlichste Ende des Stiefelabsatzes und in die westliche Basilicata: Im wirtschaftlich schwachen Süden lässt sich eine reiche Kulturlandschaft entdecken, deren Sehenswürdigkeiten fast noch Geheimtipps sind.

Kuriose Kulisse: Nicht der fernen Weltraumzukunft, sondern einer erfindungsreichen Vergangenheit entstammen die sonderbaren Trulli von Alberobello.

Das Schatzkästchen Italiens

Apulien und der Stiefelabsatz haben viele Gesichter: Hunderte von Strandkilometern, liebliche Buchten und türkisfarbenes Meer stehen für ungetrübte Badefreuden. Doch auch für kulturinteressierte Reisende hat die Region einiges zu bieten: Architektonische Besonderheiten wie die Trulli, das Castel del Monte, die Sassi von Matera und die Barockbauten der Stadt Lecce sind außergewöhnliche Kunstdenkmäler und allemal eine Reise wert.

Jeden Morgen frischer Fisch: Als Küstenstadt hat Bari natürlich eine enge Verbindung zum Meer.

Kultur und Meer lassen sich auf dieser Route, die nach Apulien und in die Basilicata führt, ausgezeichnet miteinander verbinden. Wenig Kultur etwa und viel Meer hat *Pescara* zu bieten, das im Zweiten Weltkrieg schwere Schäden erlitt; ein berühmter Sohn der Stadt war Gabriele D'Annunzio.

Von hier aus in südlicher Richtung die Adriaküste hinunter erreicht man Apulien – eine Region, deren Landschaft bis auf die bergige Garganohalbinsel flach ist. Gemüse- und Olivenplantagen wechseln sich mit Getreidefeldern und Weinbergen ab; die Gegend ist herb und birgt herrliche Kunstdenkmäler.

Von *Termoli* aus kann man mit der Fähre auf den einzigen Archipel der italienischen Adria, die *Isole Tremiti*, übersetzen. Mit ganz verschiedenen Reizen locken beide Hauptinseln: San Nicola mit einem mittelalterlichen Kloster und San Domino mit wild-zerklüfteter Landschaft.

Zunächst weiter am Meer entlang, dann durch das erst leicht hügelige und dann immer ebener werdende Landesinnere erreicht man *San Severo*; der Ort, wegen seiner Weißweine und romanischen Gotteshäuser bekannt, ist der ideale Ausgangspunkt für die etwa 200 Kilometer lange Rundfahrt über die Garganohalbinsel, die

durch eine der schönsten Landschaften Süditaliens führt.

Auf der Fahrt über Cagnano und Rodi sowie Peschici und Vieste immer an der Küste entlang nach Manfredonia enthüllt der Garganosporn seine ungewöhnliche Vielfalt: Wälder wechseln mit hinreißenden Strandabschnitten ab, auf Almen weiden Viehherden, und in Fischerorten wie *Peschici* kann man sich in guten Hotels verwöhnen lassen. Wer übrigens in *Manfredonia*, das über ein sehr interessantes Antikenmuseum verfügt, ein Schiff auf die Isole Tremiti nimmt, hat linker Hand die ganze Küste des Gargano vor sich.

Hochkultur und Kriegsgemetzel. Das uralte *Foggia*, durch manche Erdbeben und Bombardierungen im letzten Weltkrieg schwer in Mitleidenschaft gezogen, liegt im Landesinnern, umgeben von weiten Gemüsefeldern. Von jenen glücklichen Jahren Süditaliens, als unter Friedrich II. die morgenländische und die abendländische Kultur eine nie mehr wiedergekehrte Symbiose eingingen, zeugen in Apulien viele Bauwerke, die noch erstaunlich gut erhalten sind: So hielt 18 Kilometer nordwestlich von Foggia in dem heute wie verlassen wirkenden *Lucera* der Stauferkaiser im 13. Jahrhundert mit seinem Gefolge,

Mastenwald im Hafen von Bari: Die Fischer sind hier nicht mehr allein auf dem Meer – wer es sich leisten kann, hat eine Jacht.

befreundeten Sarazenen und Astrologen
hof. Aus dieser Glanzzeit Luceras stammt
noch ein schöner Dom aus dem 13. Jahrhundert, der – was für Süditalien nicht
unbedingt typisch ist – Gotik und Romanik verbindet.

Canosa di Puglia befindet sich auf dem
Rückweg Richtung Meer. Auch wenn die
Fassade der romanischen Kathedrale aus
dem 19. Jahrhundert stammt, birgt das
Kircheninnere doch einige kunsthistorische Schätze, darunter ein prächtiges romanisches Grabmal und einen aus dem
12. Jahrhundert stammenden Bischofs-
thron. In *Barletta* an der Küste, einst Sitz
zahlreicher Ritterorden, erinnert eine fast
5 Meter hohe altrömische Skulptur, der so
genannte »Colosso«, an die Bedeutung dieser Stadt in der Antike; Zeugnis der kulturellen Blüte unter dem Stauferkaiser ist
zudem ein prächtiges Kastell. 12 Kilometer
südwestlich von Barletta, bei *Canne della*

»Kennst du das Land, wo die Zitronen blühn,
Im dunkeln Laub die Gold-Orangen glühn,
Ein sanfter Wind vom blauen Himmel weht,
Die Myrte still und hoch der Lorbeer steht ...«

J.W. von Goethe, Mignon, 1795/96

Battaglia, dem antiken Cannae, besiegte
Hannibal mit seinen Elefanten 216 v. Chr.
die Römer. Wer lang genug gräbt, heißt es,
kann auf den Feldern noch Relikte der beiden Heere finden.

Glanzpunkte staufischer Macht. Südlich
von Barletta gelangt man nach *Andria*,
einer heute eher unauffälligen Stadt, in der
eine schöne Kathedrale steht. In Andria
hielt sich Friedrich II. besonders gern auf;
hier wurde außerdem sein Sohn Konrad
geboren, und hier liegen auch seine Ehe-
frauen Isabella von England und Jolande
von Jerusalem begraben.

Majestätisch steht auf einem Hügel das
Castel del Monte, einer der berühmtesten
und rätselhaftesten Bauten des europäischen Mittelalters. Friedrich II. errichtete
rund 200 Festungen in ganz Italien, aber
keines dieser Bauwerke ist so schön wie
Castel del Monte: Die burgähnliche Anlage
dieses Jagdschlosses besteht aus hellem
Stein und ist achteckig; ihre Türme messen immerhin 24 Meter in der Höhe. Wie
sehr es von der antiken Architektur beeinflusst war, verdeutlichen die harmonischen
Proportionen des Bauwerks, und innen
faszinieren die klar gegliederten Säle, die
für die Zeit fortschrittlichen sanitären Ein-

Handarbeit: Fischer in
Gallipoli beim Netze-
flicken. Mitte
Die Garganohalbinsel
hat neben der Kultur
auch eine selten schöne
und naturbelassene
Landschaft vorzuweisen.
unten
Zahlreiche Sandstrände
(wie hier bei Pescara)
säumen die Küsten bis
in den Süden Apuliens.
rechts

Adriatisches Meer

Pescara

Ortona

Isole Tremiti

Termoli

Lago di Lesina Lago di Varano

Peschici

Vieste

Promontorio del Gargano

S. Severo

Manfredonia

Foggia

Lucera

Isernia

Campobasso

Canne della Battaglia

Barletta

Trani

Andria

Bari

Bitonto

Canosa di Puglia

Ofanto

Castel del Monte

Castellana Grotte

Le Murge

Alberobello

Locorotondo

Martina Franca

Brindisi

Volturno

Benevento

Melfi

Altamura

Matera

Lecce

Otranto

Avellino

Potenza

Taranto/Tarent

Nardo

Maglie

Napoli/Neapel

Salerno

Gallipoli

Tricase

Agri

Ionisches Meer

Tyrrhenisches Meer

Capo S. Maria di Leuca

0   25km

N

richtungen und ein raffiniertes Wasserleitungssystem.

Von so viel Kunst sollte man in der zwar leicht heruntergekommenen, aber malerisch von weiten Olivenplantagen umgebenen Stadt *Bitonto* eine Rast einlegen. Wer noch immer nicht genug vom Schauen und Staunen hat, kann die örtliche Kathedrale erkunden, die eines der schönsten Beispiele der Romanik in Apulien ist und den berühmten Gotteshäusern von Bari und Trani als Vorbild diente.

Bari ist eine große Hafenstadt, die durch ihre Kleinkriminalität ein recht negatives Image bekommen hat: Man sollte seinen Wagen nicht in stillen Gassen parken und Handtaschen sowie Fotoapparate dicht am Körper halten. Baris enge Altstadt, die Zeugnis von der römischen und byzantinischen Vergangenheit ablegt, besticht heute

vor allem durch zwei romanische Bauwerke: In der Basilica di San Nicola lagen einmal die Gebeine des heiligen Nikolaus, der ja Türke gewesen sein soll; im Mittelalter entwendeten Seeleute seine als Reliquien verehrten Skelettreste und brachten sie in die Türkei. Aus Trauer über diese Entführung und als »Ersatz« bauten sich die Einwohner von Bari ein beeindruckendes Gotteshaus. Und auch in der Kathedrale San Sabino findet man romanische Kunst: Die byzantinische Exsultet-Rolle (also eine Osterlobpreisung) aus dem 11. Jahrhundert im Kirchenarchiv enthält wunderschöne Bilddarstellungen.

Geheimnisse in Fels und Stein. Ruhiger als im chaotischen Bari geht es auf dem Land Richtung Süden zu; kleine Straßen führen durch Ortschaften, die erst am

Wer die weite Fahrt auf sich nimmt, kann das ungestörte Strandleben bei Vieste genießen.
oben

117

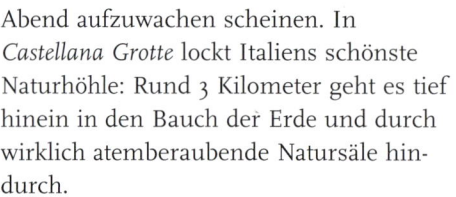

Spielplatz der Naturge-
walten: Das Meer hat
bizarre Formen aus der
Küste gewaschen. Mitte
Bezauberndes auf dem
Land oben und in der
Stadt. unten

Abend aufzuwachen scheinen. In *Castellana Grotte* lockt Italiens schönste Naturhöhle: Rund 3 Kilometer geht es tief hinein in den Bauch der Erde und durch wirklich atemberaubende Natursäle hindurch.

Von der Grotte aus sollte man die Landstraße nach Alberobello nehmen, um das faszinierende, an eine Wüste erinnernde Kreidekalkplateau der so genannten Murge zu erleben. Typisch für die Murge sind weite Wein- und Olivenplantagen und die »trulli«, runde Gebäude aus dem 17. Jahrhundert mit kegelförmigen Dächern, die ganz ohne Mörtel aus Steinplatten gebaut sind – sie sollten bei einem eventuellen Auftauchen der Steuereintreiber so schnell wie möglich abbaubar sein. Die Trulli stehen dicht an dicht und wirken recht lustig; Zentrum dieser bizarren Bauwerke ist der Ort *Alberobello*.

Ganz in der Nähe befindet sich *Locorotondo*. Der vollkommen weiß gestrichene Ort liegt malerisch auf einem Hügel, und die wenigen Straßen ziehen sich kreisförmig um die Hügelspitze herum. Von hier ist der Blick ins Land wunderbar: In der weiten Ebene wechseln sich Bäume mit Trulli ab. Nicht weit von Locorotondo (wo übrigens auch ein bekannter Weißwein gekeltert wird) lohnt *Martina Franca* einen Besuch; hier ist die Altstadt in einem sehr üppigen Barock- und Rokokostil, ganz typisch für Apulien, errichtet worden.

Die Hügellandschaft der Trullistädte geht nun in eine wieder ganz flache Ebene mit geraden Straßen über, die in die Hafenstadt *Brindisi* führen. Dort endet auch die von Rom ausgehende berühmte Via Appia Antica; das Ende dieser über zweitausendjährigen Straße wird im Zentrum von Brindisi durch die Colonna Romana markiert, eine antike Säule aus Marmor. Von der glorreichen Geschichte der Stadt, die von Kaiser Trajan aus- und umgebaut wurde, zeugen heute nur noch wenige Ruinen; besuchenswert ist aber die romanische Kirche San Giovanni al Sepolcro.

Perlen Apuliens. Ein architektonischer Leckerbissen erster Güte ist wieder die Stadt *Lecce*, die 38 Kilometer südlich von Brindisi wahre Schätze für ihre Besucher bereithält. Das antike Lupiae kam im Mittelalter in normannische Hand; berühmt wurde Lecce jedoch erst zwischen dem 15. und 17. Jahrhundert durch seinen eigenständigen Barockstil: jeder Einwohner, der die Mittel aufbringen konnte, errichtete sich damals eine Villa oder einen Palazzo in diesem neuen Baustil. Der Barock von Lecce ist besonders reich in seinen Formen und Ausschmückungen, und da für die Bauten ein sehr weicher Kalkstein benutzt wurde, konnte man auch überaus phantasievolle Verzierungen anbringen. Reizvoll sind vor allem die Kirche Santa Croce und der Palazzo Vescovile mit dem benachbarten Dom. Man sollte den Altstadtkern von Lecce nachts durchbummeln: Im Licht der Straßenlaternen hat man den Eindruck, sich auf einer riesigen barocken Bühne zu befinden.

Zum Großteil an der Adria entlang gelangt man nach *Otranto*, einer weiteren Perle Apuliens und östlichste Stadt Italiens; von hier aus trieben die alten Römer Handel mit Kleinasien. In der Kathedrale hat sich bis heute das vielleicht schönste romanische Fußbodenmosaik in Süditalien erhalten: Die stilisierten, immer noch frisch wirkenden Figuren vermitteln einen lebhaften Eindruck von der phantasievollen mittelalterlichen Bilderwelt. Das Mosaik schuf der Mönch Pantaleone zwischen 1163 und 1166 aus sage und schreibe 10 Millionen Teilchen. Fortsetzung Seite 124

In Apulien sucht man hektisch-laute Badeorte à la Adria vergebens – hier kann man noch intakte Fischerorte und freundliche Menschen, sauberes Meerwasser und erholsame Ruhe finden. oben
Zeugen einer großen Vergangenheit: der Koloß von Barletta Mitte, Relief von San Leonardo di Siponto unten.
Traumurlaub garantiert: Hotels am Monte Gargano. großes Bild

Das Meisterwerk des Stauferkaisers

F riedrich II. war ein seltsamer Mensch – jedenfalls für sein Zeitalter, das hohe Mittelalter. 1194 wurde der Sohn Kaiser Heinrichs VI. und der Sizilianerin Constanza im apulischen Iesi geboren. Nach dem Tod seiner Eltern hatte man ihn zunächst vom deutschen Erbe ausgeschlossen, so dass er nur die Krone von Palermo besaß; damit waren die Würfel gefallen: Das »Kind von Apulien« sollte den Deutschen stets fremd bleiben – seine Welt war nicht die der tiefen Wälder und dichten Wolken, sondern der blaue Himmel Süditaliens.

Weil er gezwungen war, sich ständig gegen Feinde zu verteidigen – der Papst schmiedete ununterbrochen Komplotte gegen den Staufer –, ließ Friedrich II. eine Vielzahl von Burgen und Jagdschlössern erbauen, die nach seinen eigenen Vorstellungen ausgestaltet und ausgestattet wurden. So bestechen diese Bauwerke noch heute durch ihre für das Mittelalter ungewöhnlich klassischen und harmonischen Grundrisse, die eher an die darauffolgende Renaissance erinnern.

Der bekannteste, seltsamste und schönste Bau Friedrichs in Süditalien ist das Castel del Monte in Apulien. Wer von Trani auf der schnurgeraden Straße nach Castel del Monte fährt, wird den Bau schon von weitem auf einer fast kahlen Bergkuppe erblicken. Das gewaltige, aus riesigen glatten Quadern errichtete Achteck mit acht ebenfalls achteckigen Türmen und einem achteckigen Innenhof besticht durch seine Eleganz: Dieses Kastell ist in der europäischen Architekturgeschichte ohne Vorbild und auch ohne Epigonen. Es ist gleichsam ein Unikat, das viel über den einzigartigen Charakter des Stauferkaisers verrät und sich in seiner streng geometrischen Logik nur noch mit den ägyptischen Pyramiden vergleichen lässt.

Die einzige künstlerische Ausstattung des sonst spartanischen Baus, über dessen Bedeutung und Zweck im Übrigen nicht viel bekannt ist, sind schlanke Säulen aus farbigem Marmor, die die hohen Innenräume schmücken. Der Legende nach habe sich der Staufer in dieses Kastell zum Studieren und Schreiben zurückgezogen; den Forschungen von Historikern zufolge hat er aber nie hier gewohnt, da er bereits vor der Fertigstellung starb.

Zur Zeit Friedrichs war die das Kastell umgebende Landschaft noch von dichten

Einsamer Traum aus Stein: Das kühne Opus magnum Friedrichs II. rettet eine Ahnung vom Geheimnis des Mittelalters in die Gegenwart.

Wäldern bewachsen, in denen der Herrscher mit Begeisterung jagen ging. Mit den Jahrhunderten aber wurden die Bäume abgeholzt, und die Landschaft verkarstete. Dürre ist heute in den Sommermonaten hier die Regel.

Mittlerweile erhebt sich daher die »steinerne Krone Apuliens« ganz einsam in einer nackten Umgebung. Noch heute geht die Sage von den Seelen Friedrichs und seines Sohnes Manfred, die im Herbst, wenn heftige Stürme um das Kastell toben, an diesen Ort zurückkehren. Wenn der Wind durch die Schießscharten pfeift, dann, so erzählt man sich, beklagen die Geister der toten Staufer das Ende ihres Reiches.

Ein moderner Kaiser des Mittelalters

Friedrichs II. (1194–1250) große Liebe war nicht sein Erbland, sondern Italien, das unter seiner eigenwilligen Regentschaft zum Brückenkopf zwischen Abend- und Morgenland wurde. Unter Friedrichs Herrschaft blühten Kunst und Naturwissenschaften in Italien auf, und auch seine Gesetzgebung war für das Mittelalter sehr modern; all dies trug ihm den Beinamen »stupor mundi« ein: »der, der die Welt erstaunt«.

Friedrichs Weltanschauung war gekennzeichnet durch Liberalität und eine geistige Aufgeschlossenheit, die den Päpsten stets suspekt war. Er wurde schließlich zu ihrem Feind (den sie sogar zweimal exkommunizierten), weil er sich – nach dem Vorbild des orientalischen Harems – nicht um das Gebot der Monogamie scherte und mit Arabern, also Heiden, befreundet war; vor allem aber, weil er sich als freier Mensch verstand, der sich vom Papst nichts vorschreiben ließ. Für die Kirche war er damit untragbar geworden.

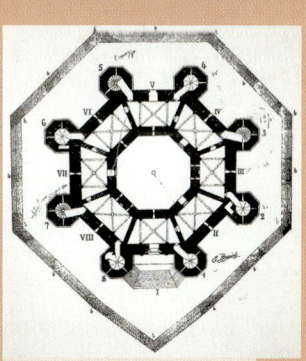

Geometrie als Kunst: Der Grundriss von Castel del Monte folgt strengen mathematischen Gesetzen und vermag durch diese klare Ästhetik zu faszinieren. unten

Allein mit dem Meer
und den Möwen an
der Steilküste bei San
Cataldo nahe Lecce.

Die Religion durchdringt im armen Süden das Alltagsleben und ist allgegenwärtig: Gerade hier hat sich eine tiefe Gläubigkeit und Heiligenverehrung im Volk gehalten, die sich buchstäblich auf Schritt und Tritt äußert – auf der Straße, in Prozessionen und an den Hauswänden.

Gen Süden in die Basilicata. Richtung Gallipoli sollte man die Küstenstraße benutzen, die immer wieder den Blick auf traumhafte, da unberührte Strände freigibt. Hinter Capo Santa Maria di Leuca, der südlichsten Spitze Apuliens, geht es wieder nordwärts nach *Gallipoli* mit seiner engen Altstadt, die auf einer durch eine Brücke erreichbaren Insel liegt. Es empfiehlt sich ein Spaziergang über die »Riviera«, die Straße, die rund um diese Miniinsel herum führt.

In nordwestlicher Richtung, immer am Meer entlang, erreicht man *Tarent*; im örtlichen Museo Nazionale findet sich eine der bestbestückten Schmuck- und Keramiksammlungen der griechischen Antike. Tarent ist außerdem für seine »Settimana Santa« bekannt: In der Osterwoche ziehen hier sehr mittelalterlich anmutende, bis zu geschlagene zwölf Stunden dauernde Prozessionen durch die Altstadt. Wer die Gelegenheit hat, sollte die Feierlichkeiten miterleben.

Bald hinter Tarent verlässt man Apulien und taucht in die Basilicata ein, die eines der touristisch am wenigsten erschlossenen Gebiete Süditaliens darstellt. Hier wird die Landschaft immer karger und erinnert zuweilen an die toskanischen Crete. Matera ist eine der faszinierendsten Ortschaften nicht nur der Basilicata, son-

dern ganz Italiens; sie liegt an einer Felsschlucht, die die Landschaft stark zerklüftet und überdies auch das Gesicht der Altstadt von Matera geprägt hat: Diese besteht
aus »sassi«, uralten Felswohnungen, die
seit der Antike bis immerhin hinein in die
fünfziger Jahre des 20. Jahrhunderts
bewohnt waren. Die UNESCO hat die
Sassi unlängst zum Weltkulturerbe der
Menschheit erklärt.

Auf dem Weg nach Altamura sollte man
einem Hinweisschild zu den »Chiese
rupestre«, den Felsenkirchen, folgen. Von
dort aus bietet sich noch einmal ein herrlicher Blick auf Matera. *Altamura* wurde
von den Sarazenen zerstört und von Friedrich II. wieder aufgebaut. Die romanische
Kathedrale ist die einzige Kirche, die auf
ausdrücklichen Wunsch des Stauferkaisers
entstanden ist: Mit der Kirche hatte er ja
bekanntlich nicht viel im Sinn.

Sicherlich etwas nachdenklich verlässt man
die rätselhafte, bizarre Basilicata und kehrt
Richtung Bari wieder in das so heitere
Apulien zurück, wo türkisblaue, klare
Gewässer und Hunderte von Strandkilometern zum unbeschwerten Badespaß ein-
laden.

Stein hat viele Formen
und Gesichter: Treppen-
aufgang in Gallipoli
links, Straßenansicht von
Matera. Mitte
In Lecce hat das Neben-
einander von Gestern
und Heute seinen eige-
nen Charme.

Planen und erleben ...

DIE HIGHLIGHTS
Die Garganohalbinsel
Der Stiefelsporn ist eine der landschaftlich reizvollsten Gegenden Süditaliens: Wälder und Strände, malerische Ortschaften und Weiden verbinden sich hier zu einer eigentümlichen Harmonie. Am besten plant man ein paar ruhige Tage ein, um die ganze Halbinsel abfahren und erleben zu können; selbst eine kurze Rundfahrt dauert schon einen Tag – allerdings bleibt dabei dann keine Zeit mehr für ein (Sonnen-)Bad und einen Teller Meeresfrüchte am Strand.

Castel del Monte
Diese rätselhafte Burg des Stauferkaisers Friedrich II. liegt exponiert inmitten einer fast kahlen Landschaft auf einem Hügel; früher umgaben einmal Wälder diesen achteckigen und äußerlich schlichten, aber gewaltigen Bau, der in seiner architektonischen Harmonie in ganz Italien seinesgleichen sucht. Kurz vor Sonnenuntergang ist der Ort am schönsten,

wenn die Mauern sich leicht rötlich färben. Wer zu dieser Tageszeit vor dem Schloss ein Picknick mit Käse, Brot und einem Weißwein aus Locorotondo macht, wird eine einmalige Atmosphäre erleben.

Alberobello
Der Ort ist das Zentrum der Trulli, jener lustig anzuschauenden rundlichen Häuser, deren Wände weiß gekalkt sind. Ganze Straßenzüge werden von diesen Trulli bestritten, in denen zuweilen auch Trattorien und Pensionen untergebracht sind. Der Trullo Sovrano ist auf jeden Fall einen Besuch wert, denn er ist einer der größten Trulli der Ortschaft. Und auch die Kirche Sant'Antonio wurde in Form eines Trullo errichtet.

Locorotondo
Von weitem strahlt schon das weiße Städtchen von einem hellbraunen Hügel herab. Locorotondo zieht sich kreisförmig – daher auch der Name – um den Hügel vom Tal bis zur

Spitze hinauf. Vor allem an Sommerabenden, wenn die Einwohner vor ihren Wohnungen sitzen und die Bustouristen fort sind, ist es hier besonders schön und dörflich. Der Blick ins Itria-Tal hat viele Reize zu bieten: So weit das Auge reicht, sind Felder und Plantagen zu sehen. Hier wird unter anderem der Locorotondo angebaut, einer der besten Weißweine Süditaliens.

Lecce
Der Barock von Lecce ist einmalig in ganz Italien. Seit dem 15. Jahrhundert wurde die Stadt nach dem neuen Stil der Zeit vollkommen umgebaut und ausgeschmückt. Dieser Barock zeichnet sich durch überschwengliche Verzierungen aus, wie man sie sonst nur auf Sizilien finden kann. Die Basilika Santa Croce und die Piazza del Duomo sind die beeindruckendsten Beispiele des Barock von Lecce, und vor allem nachts, wenn die einzelnen Gebäude angestrahlt werden, wirkt das historische Zentrum wie die Kulisse für einen Film.

Otranto
Diese uralte Ortschaft mit ihren weißen Häusern liegt am Stiefelabsatz: Dies ist der östlichste Ausläufer Süditaliens, genauer gesagt Apuliens. Die Altstadt blickt auf das Meer hinaus und lockt mit engen Gassen und wunderschönen Kirchen. In der Kathedrale wurde im 12. Jahrhundert der gesamte Fußboden mit faszinierenden Mosaiken ausgelegt.

Der südlichste Punkt des Stiefelsporns ist bei Capo Santa Maria di Leuca erreicht. oben
Barock von der verspielten Seite: properes Kerlchen in Lecce. Mitte
Sehen und gesehen werden an der Uferpromenade von Otranto. unten
Den Garganosporn säumt eine panoramareiche Küstenstraße. rechts

Süditaliens magische Dolmen

Für Hobbyarchäologen und Freunde der Prähistorie hält Apulien eine Sehenswürdigkeit erster Güte bereit: Apulien ist die Region der Menhire, Dolmen und anderer Steinzeitrelikte, die man gewöhnlich eher im Norden Europas vermuten würde. So findet sich in der Nähe von Bisceglie in der Provinz Bari etwa eine der wichtigsten Dolmenkonstruktionen Südeuropas. Sie wurde 1909 entdeckt und besteht aus drei etwa 1,80 Meter hohen Steinen, die einen kleinen Raum bilden; in diese »cella« gelangt man durch einen fast 8 Meter langen »dromos«, einen Korridor, den ebenfalls Menhire bilden. Die Archäologen vermuten, dass eine bislang unbekannte Kultur diese beeindruckende Anlage zu astronomischen Zwecken errichtete. Das Gleiche gilt auch für die faszinierenden Dolmen bei Corato, ebenfalls in der Nähe von Bari, und die Dolmengruppe von Fasano in der Provinz Brindisi. Eine »Dolmenrundfahrt« durch Apulien ist aber nur dann vollständig, wenn sie auch die steinzeitlichen Komplexe von Giurdgnano, Minervino (beide bei Otranto) und Racale einschließt.

Nach der Stadtbesichtigung fährt man die Straße an der Südküste nach Santa Maria di Leuca – das sind etwa 50 Kilometer – immer am Meer entlang. Die Aussicht auf die unberührte Küste mit ihren verschwiegenen Buchten ist hier ganz besonders reizvoll.

Matera

In ganz Europa findet sich kein Ort, der sich mit Matera vergleichen ließe: Das von der UNESCO zum Weltkulturerbe deklarierte Zentrum des Städtchens besteht aus Tausenden von in den Fels gegrabenen »sassi«, wie die Häuser und Wohnungen dort heißen. Schon vor Jahrtausenden lebten hier Menschen. Heute bieten einige Hotels in den Sassi Unterkunft, und immer mehr Künstler lassen sich in den eigenartigen Höhlen nieder. Vor allem nachts reizt ein Spaziergang durch die Stadt: Die Sassi wirken dann ganz besonders seltsam und geheimnisvoll. Wer über die »Strada dei sassi« um den

Domfelsen herum- und am Rand der nahe gelegenen, tief eingegrabenen Felsschlucht entlangfährt, wird sich an dem atemberaubenden Ausblick erfreuen können.

TIPPS FÜR UNTERWEGS

Man kann es nicht oft genug wiederholen: In den meisten apulischen Städten, vor allem aber in Bari, gehen gerissene und äußerst geschickte Taschen- und sonstige Diebe um; man sollte deshalb sein Auto nur auf einem sicheren Parkplatz – am besten dem des Hotels – abstellen und auch auf Taschen und Fotoapparate genauestens Acht geben. Die Kleinkriminalität hat in Bari leider nationalen Rekord erreicht. Außerdem sind viele Straßen Apuliens dringend reparaturbedürftig – man muss deshalb ganz besonders vorsichtig fahren; trotzdem sollte man sich von den zahllosen Stränden dieser Region, an denen die Küstenstraßen entlangführen, anlocken lassen. Selbst im

Sommer finden sich hier immer noch Buchten, die nicht überlaufen sind – vor allem an der äußersten Spitze Apuliens, bei Santa Maria di Leuca. Man kann auch eine Fahrt durch die Tavoliere, die größte Ebene Italiens (3000 Quadratkilometer), machen, die recht pittoresk ist und in der auch Foggia liegt.

Souvenirs

In Apulien erreicht das Olivenöl hervorragende Qualität. Olivenbäume liefern auch das Material für schöne Holzprodukte, die hier überall hergestellt werden. In der Basilicata findet man pikante Schweinefleisch-Würste, und die vielen Schafherden liefern die Milch für Käsesorten, die seit Jahrhunderten traditionell hergestellt werden. Ebenfalls zu empfehlen: die Weine!

Entfernungen

km		
	Pescara	764
	95 km	
95	**Termoli**	669
	92 km	
187	**Manfredonia**	577
	39 km	
226	**Foggia**	538
	70 km	
296	**Barletta**	468
	55 km	
351	**Bari**	413
	151 km	
502	**Lecce**	262
	40 km	
542	**Gallipoli**	222
	104 km	
646	**Taranto**	118
	82 km	
728	**Altamura**	36
	36 km	
764	**Bari**	km

Wie intergalaktische Fremdkörper muten die Trulli an – hier bei Locorotondo. oben
Eldorado des Barocks: Lecce. links oben
Ecken und Winkel: Gallipoli. links unten

Von Neapel nach Reggio di Calabria

Von Neapel an den Stränden Kampaniens und Kalabriens entlang zur äußersten Stiefelspitze nach Reggio di Calabria: Der oft als »Armenhaus Italiens« geschmähte Süden überrascht durch landschaftliche Vielfalt, paradiesische Strände und eine griechische Vergangenheit.

Das Paradies ist nahe: Blick von Ravello aus auf die amalfitanische Küste.

Küsten des Lichts

Als Klassiker italienischer Strandidylle präsentiert sich seit den fünfziger Jahren die kampanische Küste mit ihren Highlights Sorrent, Positano und Amalfi. Das bisher zu Unrecht vernachlässigte Kalabrien ist weitaus besser als sein Ruf und touristisch noch nicht überlaufen: Hier gilt es, manch erstaunliche Entdeckung zu machen und alte Vorurteile zu revidieren.

Seit Goethe weiß jedes Schulkind, dass Italien das Land der Zitronen ist. An der Küste zwischen Sorrent und Amalfi gedeihen diese besonders gut; hier wird auch der wohlschmeckende Zitronenlikör »Limoncello« hergestellt.

Italiens sicherlich chaotischste, aber zugleich auch spannendste Stadt ist *Neapel*. Von den Griechen als »Neapolis« gegründet, wurde die antike Metropole von den Römern noch weiter ausgebaut. Neapel wurde nie durch Kriege oder Revolutionen zerstört: Sein Stadtbild präsentiert sich daher als ungewöhnlich reichhaltiges Gemisch aller Baustile der Architekturgeschichte. In dieser Stadt geht es laut und lebendig zu, hier gibt die Camorra den Ton an, Taschendiebe machen die elegantesten Straßen unsicher, und in den früher so prachtvollen Palästen versprühen heruntergekommene Innenhöfe ihren romantischen Charme. Als weniger romantisch erweist sich da die Suche nach einem sicheren Parkplatz – so dass ein teurer, aber immerhin bewachter Hotelparkplatz nicht die schlechteste Idee ist.

Hat man sich erst einmal aus dem Straßengewirr der Metropole befreit, so erreicht man 30 Kilometer weiter nördlich *Caserta*, das, wie Neapel auch, in der Region Kampanien liegt. Von Neapel kann man sich im Park der barocken Residenz von Caserta erholen; dieser prächtige Palazzo Reale war als Antwort der italienischen Bourbonen auf Versailles gedacht. Das seit 1752 von dem Architekten Vanvitelli für Karl III. errichtete Schloss mit seinen 1200 Räumen besticht nicht so sehr durch Eleganz als vielmehr durch seine architektonische Gleichförmigkeit. Die prächtige Ehrentreppe im Innern erbaute man vor allem zu Repräsentationszwecken; ein besonderes Highlight ist der 78 Meter hohe künstliche Wasserfall im schönen Park der Residenz.

Der Katastrophenberg. Von Neapel aus kann man einen Ausflug auf den *Vesuv* unternehmen, einen der wenigen noch tätigen und aggressiven Vulkane Europas. Zuletzt brach der Berg mit seinen zwei Gipfeln – der eine 1132, der andere 1281 Meter hoch – 1944 aus; seitdem droht er der Millionenstadt und Hunderten kleiner Ortschaften an seinem Fuß mit dicken Rauchwolken. Ein Aufstieg zum Kraterrand gehört zu den schönsten Bergtouren, die man in Süditalien machen kann: Mit dem Wagen nähert man sich alternativ über zwei gut ausgeschilderte Straßen den Gipfeln; beide Straßen sind echte Panoramastrecken – eine geht von San Vito, die andere von Boscotrecase aus. Dann muss man zu Fuß und am besten mit einem Führer weitergehen. Die Aussicht von ganz oben, dort, wo der Boden aus Lapilli – das sind vulkanische Auswürflinge – und Lava besteht, ist atemberaubend und reicht die ganze Küste entlang bis nach Sorrent, Capri und Ischia.

Der Treppenaufgang im Palazzo Reale von Caserta ist ein Manifest barocker Komposition und Vollkommenheit.

Im Jahr 79 n. Chr. zerstörte der Vesuv Stabiae, Pompeji und Herculaneum; die beiden letzteren stellen heute das größte römische Ausgrabungsgebiet Europas dar. Auch wenn viele ihrer antiken Villen geschlossen sind – um dem Diebstahl einen Riegel vorzuschieben –, vermittelt ein Spaziergang durch die beiden Ruinenstädte doch einen realistischen und sehr lebendigen Eindruck von einer antiken Stadt. Beide archäologischen Gebiete sind im übrigen bequem von Neapel aus mit der S-Bahn zu erreichen, die in Pompeji sogar genau vor dem Eingang hält.

Traumziele von gestern und heute. Die Panoramastraße, die von Torre Annunziata aus die gesamte Küste der Halbinsel von Sorrent bis Amalfi säumt, ist eine der schönsten Straßen Süditaliens; man sollte

---

»Viele flehten den Beistand der Götter an, noch mehrere aber glaubten, dass keine Götter mehr wären, und hielten diese Nacht für die letzte und ewige Nacht der Welt.«

Plinius d. J., Bericht über das Erdbeben von Pompeji, 79 n. Chr.

---

daher langsam fahren und sich nicht von den oft allzu rasanten Einheimischen und ihrem wütenden Hupen einschüchtern lassen: Nur so kann man die landschaftlichen Reize dieser Straße in ihrer ganzen Schönheit erleben. Jedes Mal wenn man aus einem Tunnel auftaucht, besticht die Mischung aus bunt gestrichenen Häusern und Zitronen-, Orangen- und Olivenbäumen aufs Neue, steil steigen die Straßen an, und jede Kurve präsentiert einen neuen Aussichtspunkt.

Sorrent ist ein Badeort, der seit der Wende zum 20. Jahrhundert besonders von wohlhabenden Briten frequentiert wird. Das Schönste an Sorrent sind die Terrassen, von denen aus man auf den Golf von Neapel, den Vesuv und die berühmten Inseln schauen kann. Die herrlichsten Terrassen gehören zu den alten Luxushotels, weshalb man in einem von ihnen absteigen sollte, um vom Zimmer aus diesen unvergesslichen Blick genießen zu können.

Sorrent ist auch der Ausgangspunkt für Schiffsausflüge nach *Capri*: Den Ruf eines Paradieses für Genusssüchtige hat die seit der Antike von den Reichen frequentierte Insel seit Beginn des Massentourismus längst eingebüßt. Wer jedoch über Nacht

In Neapel kann man Kunst Mitte und italienische Lebensart studieren. oben
Fahrt ins Blaue auf Capri: Ein Besuch der berühmten Grotte zählt zum Pflichtprogramm. unten und rechts

Benevento
Caserta
Gravina
in Puglia
Avellino
Matera
M. Vesuvio
1281 m
Napoli/
Neapel
Potenza
Boscotrecase
Ercolano
Pompei
Torre
Annunziata
Ravello
Eboli
Sorrento
Amalfi
Salerno
Appennino
Capri
Positano
Golfo di
Salerno
Paestum
Agri
Monte della
Stella
1131 m
PARCO NAZIONALE
DEL POLLINO
Policastro
Sapri
Palinuro
Marina di
Maratea
Castrovillari
Golfo di
Policastro
Sibari
Orsomarso
Verbicaro
Diamante
T y r r h e n i s c h e s
M e e r
Paola
Cosenza
La Sila
Amantea
Pizzo
Stromboli
Vibo
Valentia
Tropea
Isole Eolie o Lipari
Panarea
Filicudi
Salina
Alicudi
Lipari
Vulcano
Scilla
N
0   25km
Messina
SIZILIEN
Reggio
di Calabria

auf Capri bleibt – nachdem die Schiffe die Tagestouristen wieder aufs Festland gebracht haben –, der kann den ganzen Zauber dieser Insel genießen. Besichtigen sollte man auf jeden Fall die Ruinen der Villa Jovis: Die Sommerresidenz von Kaiser Tiberius erhebt sich auf einem Hügel mit Rundblick auf die Insel und den Golf von Neapel. Ein überwältigendes Panorama von steil abfallenden Felswänden und tiefblauem Meer bietet sich auch von der Villa San Michele aus; sie wurde zu Beginn des 20. Jahrhunderts von dem Prominentenarzt und Schriftsteller Axel Munthe errichtet. Sogar Österreichs Kaiserin Sissi war hier zu Gast.

Seltene Symbiose: Der wohl beliebteste Küstenabschnitt von ganz Italien lockt mit einer harmonischen Mischung aus Kunst und Natur. oben und Mitte Die Galleria Umberto I in Neapel gibt in ihrer lichten Luftigkeit eine gute Fotokulisse ab. unten

Die große Kultur der Grandhotels ist hier noch sehr lebendig: Vier-Sterne-Häuser in Sorrent Mitte und Porto Marina Piccola. oben Geometrisches Gepränge im Dom zu Amalfi rechts und unten: Der Gedanke an arabische Einflüsse drängt sich auf.

Halsbrecherische Küstenstraßen. Wieder zurück auf dem Festland, heißt die nächste Station *Positano*. Der ganze Ort ist an einen recht steilen Abhang gebaut; wer also das Glück hat, einen Parkplatz zu finden, muss schon treppauf und treppab laufen, um sich den Charme dieses Ortes zu erschließen. Besonders schön ist ein Ausruhen ganz unten am Strand, von wo der Ort wie ein Amphitheater wirkt.

Am Golf von Salerno liegt ebenso wie Positano auch *Amalfi* – wiederum ein berühmter Name, der aus den italienischen Filmen der fünfziger und sechziger Jahre bekannt ist. Damals fuhren über die Straßen der Halbinsel nur wenige Autos, und die Fahrt war ein Genuss. Heute hingegen muss man höllisch aufpassen, denn auch hier fahren die Einheimischen fast ebenso schnell, wie sie reden: Auch wenn die Italiener statistisch gesehen weniger Autounfälle im Jahresdurchschnitt verzeichnen als die Deutschen, bekommt man es doch bei den vielen Überholmanövern auf der teilweise nadelöhrengen Straße gehörig mit der Angst zu tun.

Amalfi war im Mittelalter eine stolze Seerepublik; von diesen glorreichen Zeiten erzählen heute noch der Dom aus dem 10. Jahrhundert und einige Paläste. In der Nähe von Amalfi, in *Ravello*, findet jeden Sommer ein berühmtes Wagner-Festival statt: Der deutsche Komponist war solchermaßen verzaubert von diesem kleinen Ort, in dessen Palästen und Kirchen sich der mittelalterliche mit dem orientalischen Baustil verbindet, dass er sich hier zu seiner Oper »Parsifal« inspirieren ließ. Ravello erhebt sich 350 Meter über dem Meer, und dort, wo der Blick auf die Küste frei wird, fallen die Felsen so steil ab, dass einem bereits vom bloßen Hinsehen schwindelig werden kann. Beeindruckend sind der romanische Dom, die Villa Cimbrone und der Palazzo Rufolo. Ravello verfügt daneben auch über einige der (von der Bausubstanz und der Aussicht her) schönsten Hotels von Italien.

Über *Salerno*, eine große und relativ unattraktive Hafenstadt, in der nur der Dom aus dem 11. Jahrhundert zum Anhalten verlockt, gelangt man zu der griechischen Kolonialgründung *Paestum*. Wenn man inmitten der Ausgrabungsstätte steht, so etwa vor den Tempeln des Poseidon und der Ceres, dann erkennt man, dass man, um beeindruckende Tempel der griechischen Antike zu sehen, nicht unbedingt nach Griechenland fahren muss. Die beiden gewaltigen Tempel aus dem 5. und dem 6. Jahrhundert v. Chr. sind so gut erhalten, dass man hier einen hervorragenden Eindruck von der perfekten Harmonie des dorischen Baustils gewinnt. Es ist ratsam, Paestum bei Sonnenuntergang einen Besuch abzustatten: Der Blick vom Tempel auf das Meer ist unvergesslich.

Unbekanntes Kalabrien. Für die Fahrt in den Süden, nach Kalabrien, sollte man möglichst die Strecke an der Küste wählen: Die Straße ist zwar recht kurvig, führt aber unter dem 1131 Meter hohen Monte della Stella an kleinen hübschen Fischerorten und Stränden vorbei.

Kalabrien ist eine der von ausländischen Reisenden am wenigsten frequentierten Regionen Italiens. Das hat sicherlich mit dem schlechten Ruf der Region zu tun, denn kriminelle Banden, die die Autofahrer überfallen, und die ebenso legendäre wie aktive 'Ndrangheta (so heißt hier die Mafia) wirken sicherlich nicht gerade einladend; aber Gauner und Paten lassen die Urlauber in der Regel in Fortsetzung Seite 140

Blick von der Villa Cimbrone bei Ravello: Im Golf von Salerno verschmelzen Himmel und Meer miteinander. oben Die Italiener heiraten für ihr Leben gern, und das – wie hier in Sorrent – mit allem Pomp, der zu Gebote steht. Mitte Sorrent gehört zu den schönsten Urlaubsorten Italiens – und bestimmt nicht zuletzt wegen seiner traumhaften Bademöglichkeiten. unten

An der Steilküste von Amalfi krallen sich Orte wie Positano förmlich an die Hänge.

Pompeji und Herculaneum: Die Opfer des Vesuvs

In den heißen letzten Augusttagen des Jahres 79 n. Chr. begann der Vesuv zu brodeln: Rauch stieg auf, so dass die Einwohner von Pompeji, Stabiae und Herculaneum besorgt Richtung Vulkan blickten; nur wenige aber trafen Vorbereitungen für den Fall eines Ausbruchs, und so waren die Menschen völlig überrumpelt, als die Katastrophe über sie hereinbrach. Pompeji und Herculaneum wie auch Stabiae verschwanden unter einer bis zu 7 Meter dicken Schicht aus Asche und Bimsstein; jeder fünfte Einwohner verlor dabei sein Leben.

Die Ortschaften wurden nie wieder aufgebaut, sondern vielmehr im Lauf der Zeit vergessen. Umso größer war das Erstaunen, als man im Jahr 1709 bei Grabungen in der Nähe von Resina einen Tempel und Statuen entdeckte. Karl IV. begann 1738 daraufhin mit systematischen Grabungen. An den Gebäuden war man aber nicht interessiert: Sie wurden zum großen Teil zerstört, damit man leichter zu den Statuen und anderen wertvollen Objekten vordringen konnte. Bereits Goethe kritisierte diese Wühlereien: »Jammerschade, dass die Ausgrabungen nicht durch deutsche Bergleute recht planmäßig geschehen,« schrieb er in seiner »Italienischen Reise«, »denn gewiss ist bei einem zufällig räuberischen Nachwühlen manches edle Altertum vergeudet worden.«

Seit dem Ende des 18. Jahrhunderts endlich wurden beide Städte vom Vulkanschutt befreit, und noch heute wird gegraben, denn ein Großteil liegt nach wie vor unter der Lava. Nur ein Drittel der antiken Kommunen sind zu besichtigen. Es fehlt wie so häufig das nötige Geld, und mit Sicherheit ist es manchen Kunstschützern ganz recht, dass die übrigen Relikte Pompejis und Herculaneums unter der Erde bleiben, damit es ihnen nicht so schlecht ergeht wie den zu besichtigenden Ausgrabungen: Diese sind Diebstahl und Verwahrlosung ausgesetzt, denn die italienischen Behörden wissen nicht, wie sie die riesigen Ausgrabungsgebiete effektiv kontrollieren und vor dem Verfall bewahren sollen. Großen Schaden richten aber nicht nur professionelle Kunstdiebe an, sondern auch Tagestouristen, die sich wie in einem Andenkenladen bedienen und Mosaiksteine, Mauerreste und Fragmente von Wandmalereien mitgehen lassen.

Heiraten im Angesicht der antiken Helden: Pompeji. oben
Die Begegnung mit den versunkenen Städte Pompeji und Herculaneum, ihrem Alltag und der Kunst ist überwältigend.

2000 jahre alte Wandmalereien

Am schönsten sind in Pompeji und Herculaneum die Wandmalereien in einigen Gebäuden,
wie etwa im Haus der Vettier: Zu sehen sind Putten, die Hausarbeiten verrichten und an die Fres-
kenmalerei der Renaissance erinnern. Geheimnisvoll wird es in der Mysterienvilla, deren
Malereien zu den schönsten der römischen Antike gehören; darunter ist etwa eine Feier für den
Dionysoskult.

Zu sehen sind auch erotische Darstellungen –
allerdings muss man den Wächtern einen Obu-
lus zukommen lassen, damit sie die Pforten öff-
nen, hinter denen diese Kunstwerke verschlossen
sind. Dass die alten Römer sexuell sehr freizügig
waren, wird spätestens beim Betrachten eines
Mannes mit einem riesigen Penis in einem ganz
gewöhnlichen Wohnhaus klar: Der Mann und
sein enormes Geschlechtsteil sollten – andere
Zeiten, andere Sitten – böse Geister abwehren
und sie vom Betreten der Villa abhalten.

Im Amphitheater gab
man den Pompejanern
»panem et circenses«.
unten

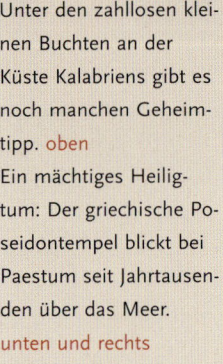

Unter den zahllosen kleinen Buchten an der Küste Kalabriens gibt es noch manchen Geheimtipp. oben
Ein mächtiges Heiligtum: Der griechische Poseidontempel blickt bei Paestum seit Jahrtausenden über das Meer.
unten und rechts

Ruhe, und Reisende können ganz beruhigt in diese landschaftlich ganz ungewöhnlich abwechslungsreiche und ungemein faszinierende Region fahren. Kalabrien erlebte seine Blüte unter den Griechen; seit dieser Zeit döst die Region jedoch in einem Dornröschenschlaf vor sich hin und wartet darauf, wieder entdeckt zu werden.
Palinuro ist ein solches verträumtes Örtchen: Sein Name leitet sich von jenem Mann her, der ein Ruderer des sagenhaften Helden Äneas gewesen und der Legende zufolge an diesen Gestaden gestorben sein soll. Hinter Marina di Camerota steigt die Straße steil bis auf 400 Meter Meereshöhe

an; von dort oben hat man ein Panorama auf den Golf von Policastro, das unbeschreiblich schön ist.
Ab *Policastro* schlängelt sich die Küstenstraße über Sapri am Meer entlang, vorbei an Badeorten (zumeist griechischen Gründungen) mit uralter Geschichte bis zum 300 Meter hoch gelegenen *Marina di Maratea* mit seinem halbverfallenen alten Stadtkern. Zur Linken erheben sich Berge bis zu einer Höhe von fast 2000 Metern, während rechter Hand Badebuchten und kleine romantische Orte locken. Die Berge gehören großteils zum Parco Nazionale del Pollino, einem Naturschutzgebiet, das aus

Inseln des Windes

Die Äolischen (auch: Liparischen) Inseln sind nach Aeolus benannt, dem Gott des Windes – und so sollte man sich nicht zu sehr darüber wundern, dass es dort recht windig werden kann. Die Inselgruppe ist vulkanischen Ursprungs; am bekanntesten ist Stromboli, eine Insel, die eigentlich nur aus dem noch aktiven gleichnamigen Vulkan besteht. Es ist sehr reizvoll, in einem der Hotels am Fuß des Vulkans zu übernachten und abends einen geführten Aufstieg zum Kraterrand zu unternehmen. Ebenfalls sehr zu empfehlen ist ein Besuch auf Vulcano; hier soll den alten Griechen zufolge der Gott des Feuers gewohnt haben: Die Insel ist zerklüftet, und aus unzähligen Erdspalten schießen heiße Dämpfe in die Höhe. Lipari ist die größte Insel und hat wunderschöne Panoramen und Badeorte zu bieten; wer mit dem Wagen übergesetzt hat, sollte eine Inselrundfahrt machen. Am Strand aber kann man sogar fliegende Fische beobachten: Sie gehören wie die Wasserschildkröten und Seepferdchen zur reichen Meeresfauna der Äolischen Inseln.

menschenleeren Tälern, Bergen, dichten Wäldern und tiefer Ruhe besteht. Die Ortschaften in den Bergen, darunter Orsomarso und Verbicaro, werden in der Hauptsache von älteren und verschlossenen Menschen bewohnt.

Heilige, Päpste, Mafiosi. Ganz anders die Küste: *Diamante* reckt sich auf einem Felsen dem Tyrrhenischen Meer entgegen und ist mit seiner Altstadt einen Besuch wert. Ebenso pittoresk zeigt sich das weiter südlich liegende *Paola*, das dank des heiligen Franz' von Paolo ein bekannter Pilgerort Süditaliens ist. Die ihm gestiftete Kir-

che verfügt über eine großartige Barockfassade und feuchte Keller, in denen der Heilige angeblich Wunder gewirkt haben soll; die Wände sind deshalb bedeckt mit Hunderten von Votivtafeln dankbarer Pilger. Von Paola ist es nicht weit nach *Cosenza* im Landesinnern, einer wegen mafioser Politiker berühmt-berüchtigten Stadt. Im Flussbett des Busento, der die Alt- von der Neustadt trennt, soll der Westgotenkönig Alarich I. nach der Plünderung Roms im Jahre 410 mit einem sagenhaften Schatz bestattet worden sein – wo, hat bis heute niemand in Erfahrung bringen können. Cosenza ist jedenfalls ein idealer Ausgangspunkt für einen Ausflug in eine der schönsten und landschaftlich beeindruckendsten Berglandschaften Europas: das Sila-Massiv mit der gleichnamigen Hochebene. Ganze Wälder bestehen hier aus bis zu 40 Meter hohen Fichten; Papst Gregor der Große ließ im frühen Mittelalter Tausende von Bäumen schlagen und für seine Bauprojekte nach Rom transportieren. Ein Teil der Sila, die so genannte Sila Greca

In Kalabrien scheint die Zeit stehen geblieben zu sein: Für die Bauern ist der Esel nach wie vor als Transportmittel von großer Bedeutung. *oben* Kleine Orte wie Pizzo *Mitte* vermitteln schläfrige Gelassenheit und unaufdringlichen Charme. Cosenza mit seinem alten Dom *unten* ist nur einer der zahlreichen Höhepunkte auf der Fahrt durch Kalabriens Küstenlandschaft.

Elegante Lässigkeit: einer
der beiden »Krieger von
Riace«. oben
Im Hinterland des Golfs
von Policastro hat sich
das Dörfchen Rivello
Mitte an die Hügel ange-
passt.
Jenseits der Straße von
Messina, einen »Katzen-
sprung« entfernt: Sizi-
lien. rechts

(die »griechische Sila«), wird seit der späten Antike bis heute von orthodoxen Mön-
chen bewohnt. Man sollte sich nicht
abschrecken lassen durch die Behaup-
tungen einiger Reisführer, die Sila werde
von skrupellosen Schafhirten bevölkert, die
sich mit der Entführung unschuldiger Touristen ein kleines Zubrot verdienen: Wenn
man nicht gerade ein international
bekannter Firmenboss oder Multimillionär
ist, wird einem hundertprozentig niemand
ein Haar krümmen.

Weiter geht es, ans Tyrrhenische Meer zurück und über Amantea und Pizzo nach
Tropea, einem der schönsten Badeorte in
Kalabrien. Dieses Städtchen erhebt sich an
einer herrlichen Steilküste; bekannt ist es
nicht nur wegen seiner normannischen
Kathedrale, sondern auch wegen der hier
angebauten, wohlschmeckenden süßen
Zwiebeln, den »cipolle di Tropea«.

Bei *Reggio di Calabria* erreicht man endlich
die Stiefelspitze, den südlichsten Teil des
italienischen Festlands. Schon von Scilla
aus, wo das gleichnamige Seeungeheuer
aus Homers Epos Odysseus ins Verhäng-
nis zu stürzen versuchte – »Kollegin« Cha-
rybdis agierte ihrerseits vom sizilianischen
Ufer aus –, ist Italiens größte Insel zum
Greifen nahe: Sizilien.

Ob Reggio di Calabria eine schöne Stadt
ist, lässt sich nicht eindeutig beantworten.

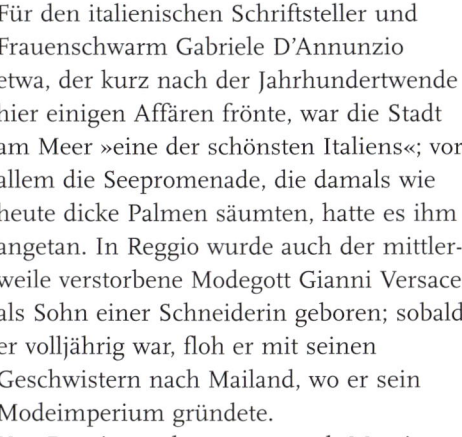

Für den italienischen Schriftsteller und Frauenschwarm Gabriele D'Annunzio etwa, der kurz nach der Jahrhundertwende hier einigen Affären frönte, war die Stadt am Meer »eine der schönsten Italiens«; vor allem die Seepromenade, die damals wie heute dicke Palmen säumten, hatte es ihm angetan. In Reggio wurde auch der mittlerweile verstorbene Modegott Gianni Versace als Sohn einer Schneiderin geboren; sobald er volljährig war, floh er mit seinen Geschwistern nach Mailand, wo er sein Modeimperium gründete.

Von Reggio aus kann man nach Messina übersetzen; zuvor sollte man jedoch unbedingt zwei der schönsten sowie besterhaltenen Skulpturen der Antike im Museo Nazionale einen Besuch abstatten: jenen beiden riesigen Bronzestatuen, die man 1972 aus dem Meer vor Reggio barg und heute »Krieger von Riace« nennt. Auch jetzt noch werden hier Skulpturen, Münzen, Vasen und andere Pretiosen aus dem Meer geholt, denn in der Antike stellte die nicht ganz ungefährliche Meerenge die wichtigste Verbindung zwischen Rom und Kleinasien dar. In den Stürmen, die hier tobten, gingen Tausende Schiffe mit ihrer Ladung unter, und man vermutet, dass auf dem Meeresgrund noch mancher antike Schatz ruht; den italienischen Behörden aber fehlt das Geld zur Bergung.

Stolze Unnahbarkeit: die Wallfahrtskirche von Santa Maria dell'Isola bei Tropea. oben
In Kampanien und Kalabrien finden sich Strände, die man nur mit einer Handvoll Gleichgesinnter teilt. Mitte
Hinter dem Capo Vaticano unten beginnt die unendliche blaue Weite, die ihr jenseitiges Ufer erst wieder bei Sardinien findet.

Planen und erleben ...

DIE HIGHLIGHTS

Neapel

Neapel ist sicherlich Italiens faszinierendste Stadt: voll von großer Kunst und voll von Camorra-Clans, die ganze Stadtteile fest in ihrer Hand haben. Man sollte ohne Taschen und Kameras auf Erkundungstour gehen und nachts das Altstadtquartier Spaccanapoli meiden – und auf besonders schnell fahrende Mopeds achten, denn so manchem arglosen Besucher wurde in Sekundenschnelle die Tasche entrissen. Ein Besuch empfiehlt sich im Archäologischen Nationalmuseum, im Palazzo Reale und in der Galleria Nazionale di Capodimonte: Sie gehören zu den reichsten Museen der Welt. Wunderschön ist auch die Kartause San Martino mit ihrem Kreuzgang und dem Krippenmuseum. Einen Neapelaufenthalt krönt man mit einem Opernabend im Teatro San Carlo, das zu den besten Musiktheatern Europas zählt.

Friedlicher Moloch: Blick auf Neapel von der Kartause San Martino aus. oben
Hinter der Kapspitze von Agliastro Marina lockt die Weite des Mittelmeers. Mitte
Ultimative Urlaubsphantasie: vor der Steilküste von Capri zu kreuzen. unten

Vesuv – Pompeji – Herculaneum

Noch heute bedroht der rauchende Vulkan Neapel und das Umland. Bei der Besichtigung von Pompeji und Herculaneum bekommt man eine sehr genaue Vorstellung davon, wie eine Stadt in der Antike aussah. In Pompeji sollte man den Wärtern kleine Trinkgelder geben, um die anzüglichen Wandfresken hinter den sonst verschlossenen Türen sehen zu können. Auf keinen Fall darf

man etwas »mitnehmen«: Bereits ein einziger eingesteckter Mosaikstein kann einen teuer zu stehen kommen. Im Sommer sollte man Getränke dabeihaben, denn dann kann es hier sehr heiß werden.

Sorrent – Capri

Sorrent ist der Hauptort einer weiten Bucht, deren Uferstraßen von Zitronenbäumen und Gärten gesäumt werden. Viele Grandhotels der vorletzten Jahrhundertwende locken hier mit ihrem leicht heruntergekommenen Charme Reisende aus aller Welt an. Von Sorrent kann man nach Capri übersetzen; doch von der großen Vergangenheit dieser Insel, auf der in den fünfziger und sechziger Jahren der Jet-set aus den USA und Europa verkehrte, ist heute nicht mehr viel übrig geblieben. Die Insel ist zwar nach wie vor wunderschön, leider aber im Sommer tagsüber heillos von Ausflüglern überlaufen. Wer jedoch über Nacht bleibt,

wird spätabends und frühmorgens Capri erleben, wie es sein muss: angenehm ruhig, romantisch und mit traumhaften Aussichtspunkten.

Amalfi

Die Küste von Amalfi ist wegen ihrer an steilen Bergwänden gelegenen Ortschaften – darunter das noch heute wunderschöne Ravello, wo Richard Wagner lebte und komponierte – einer der faszinierendsten Küstenabschnitte Italiens. Vorsicht ist allerdings beim Autofahren geboten: Die Einheimischen nehmen die vielen Kurven wie passionierte Rennfahrer. Man sollte nicht auf die Idee kommen, es ihnen gleichzutun! Besonders reizvoll ist Positano, wo der deutsche Schriftsteller Alfred Andersch lebte und Bundeskanzler Schröder Sommerferien machte. Der Ort steigt steil den Berg hinan und bietet schöne Ausblicke auf das Meer und die Küste.

Das Blut des heiligen Gennaro

Wer um den 19. September oder den 16. Dezember herum nach Neapel kommt, sollte sich unter gar keinen Umständen das Spektakel um die »Verflüssigung« des Blutes von San Gennaro entgehen lassen. Gennaro gehörte zu den frühen Christen und starb am 19. September 305 in Neapel den Märtyrertod; sein Blut aber wurde von seinen Anhängern in zwei Ampullen aufgefangen und ist heute in der Cappella del Tesoro di San Gennaro (»Kapelle des Schatzes von San Gennaro«) in Neapel aufbewahrt; dabei handelt es sich nach wie vor um die wichtigste Reliquie der kampanischen Metropole. Das Besondere daran ist, dass sich jedes Jahr zweimal – und das immer pünktlich am Todes- und am Namenstag des Heiligen – das eingetrocknete, pulverisierte Blut in der Ampulle auf wundersame Weise verflüssigt. Das »Wunder« vollzieht sich in der Kathedrale von Neapel und wird immer – da der Zeitpunkt ja im Voraus bekannt ist – von einer großen Menge Gläubiger mitverfolgt. Deren Glaube geht so weit, dass sie die jüngsten Ergebnisse eines wissenschaftlichen Gutachtens, wonach das »Blut« gar keines ist, einfach ignorieren.

Paestum

Das archäologische Ausgrabungsgebiet von Paestum ist eines der größten Italiens und wartet mit zwei der besterhaltenen Tempel des antiken Griechenland auf – darunter der so genannte Poseidontempel, der aus 50 dorischen Säulen besteht und dessen Gebälk noch fast vollständig erhalten ist. Die Ruinen der Stadt, die sich in der Nähe der Tempel befand, vermitteln einen guten Eindruck von einer typischen altgriechischen Ortschaft in Italien.

Kalabrien

Wenn man die Küste Kalabriens in Richtung Reggio di Calabria abfährt, sollte man es nicht versäumen, auch in den kleinen Ortschaften anzuhalten, den Fischern zuzusehen und frische Meeresfrüchte in den lokalen Trattorien zu essen. Aber auch Ausflüge ins Landesinnere versprechen Reizvolles: Hier lassen sich noch Dörfer entdecken, in denen Fremde wie das achte Weltwunder bestaunt werden und es keine touristischen Infrastrukturen gibt, dafür aber Süditalien in Reinkultur.

TIPPS FÜR UNTERWEGS

Kalabrien bedeutet nicht nur wirtschaftliche Unterentwicklung, Mafia und Arbeitslosigkeit, sondern auch herrliche Strände, Badebuchten und gewaltige Gebirgszüge mit Nationalparks; sie schützen eine Natur, die eher an die Alpen und nicht an Süditalien denken lässt.

In diesem Landstrich muss man stets wachsam und vorsichtig sein: Auch wenn Reisende relativ unbehelligt Ferien machen können, kommt es doch immer wieder zu Diebstählen. In Cosenza ist es besser, den Wagen auf einem bewachten Parkplatz unterzubringen; das Gleiche gilt auch für Reggio di Calabria, die Hochburg der kalabresischen Kleinkriminalität. Außerdem sollte man, wie auch auf Sizilien, nächtliches Anhalten bei vermeintlich Hilfesuchenden vermeiden: Es könnte ein übler Trick sein. Die Autobahn am Meer entlang ist ausgezeichnet, Landstraßen lassen jedoch sehr zu wünschen übrig. In Reggio lohnt ein Besuch im Antikenmuseum: Zwischen all den anderen Altertümern stechen besonders die vor einigen Jahren vor der Küste im Meer gefundenen, überlebensgroßen Bronzeskulpturen von zwei antiken Helden (siehe S. 143) hervor.

Souvenirs

Typisch für Kalabrien ist die Bergamotte: Aus dieser Frucht werden Duftwässer und Liköre hergestellt. An der Küste von Sorrent und Amalfi gibt es den »Limoncello«, einen süßen Likör aus Zitronen – aber kaufen Sie ihn nur, wenn er keine Farbstoffe enthält. Die Weine Kalabriens, so der »Greco di Gerace« und der »Cirò«, sind ausgezeichnet. Ebenso gut sind kampanische Weine, darunter der berühmte »Lacrima Christi« – die Träne Christi – von den Hängen des Vesuv. Wer Korallen mag, der kann im Golf von Neapel Korallenschmuck jeder Art finden. Und in Neapel selbst gibt es alles für die Weihnachtskrippe.

Entfernungen

km		km
	Neapel	685
	45 km	
45	**Sorrent**	640
	23 km	
68	**Positano**	617
	22 km	
90	**Ravello**	595
	20 km	
110	**Salerno**	575
	37 km	
147	**Paestum**	538
	84 km	
231	**Palinuro**	454
	37 km	
268	**Policastro**	417
	90 km	
358	**Diamante**	327
	42 km	
400	**Paola**	285
	40 km	
440	**Cosenza**	245
	92 km	
532	**Pizzo**	153
	153 km	
685	**Reggio di Calabria**	km

Die amalfitanische Küste ist bei Positano wohl am schönsten. links
Nasser Spaß bei Marina Piccola auf Capri. oben

Route 8
Durch Sizilien und Sardinien

Vom sizilianischen Messina über Syrakus und Enna nach Palermo und vom sardischen Cagliari via Oristano nach Olbia: Die beiden größten Inseln Italiens praktizieren geschwisterliche Aufgabenteilung: Sizilien hat viel Kultur – Sardinien viel Natur.

Wenn Steine sprechen könnten: Der Tempelkomplex von Selinunt hat 2500 Jahre der wechselvollen Geschichte Siziliens erlebt.

Die ungleichen Schwestern

Seit der Antike ist Sizilien Kulturland: Es stand immer wieder im Mittelpunkt des politischen Interesses und herrscherlicher Machtansprüche; beeindruckende Tempel und Burgen legen Zeugnis davon ab. Sardinien hingegen wurde von der großen Weltgeschichte lediglich gestreift und wartet heute weniger mit unvergleichlichen Kulturdenkmälern auf als mit malerischen Küstenabschnitten und faszinierenden Landschaften.

Kulturmix: Sizilien ist im Lauf der Jahrtausende ebenso mit nordeuropäischen wie mit orientalischen Kulturen in Berührung gekommen.

Sizilien ist nicht nur Italiens größte Insel, es ist auch eine Welt für sich – eine Welt aus verschiedenen Kulturen, die hier eine faszinierende Symbiose eingegangen sind. Die Insel wurde von allen großen Zivilisationen erobert, die seit der Antike im Mittelmeer herrschten, und jede hinterließ hier Monumente, die zu den schönsten ihrer Art zählen.

Wer von Reggio di Calabria mit der Fähre nach *Messina* übersetzt, wird zunächst etwas enttäuscht sein: Dass diese Großstadt 1908 durch ein verheerendes Erdbeben und eine Springflut fast völlig zerstört wurde, ist unübersehbar; von der Schönheit der etwa um 700 v. Chr. gegründeten Stadt ist so gut wie nichts übrig geblieben.

Lohnenswert ist hingegen ein Abstecher auf die *Isole Eolie*, die Äolischen (auch Liparischen) Inseln; früher glaubte man, dass hier der Gott der Winde, Aeolus, lebe. Die Inseln sind vulkanisch und haben ihren urtümlichen Charakter nicht verloren; besonders schön sind Vulcano und Stromboli: Bei gutem Wetter sieht man von Stromboli bis zur Küste Kalabriens.

Rund um den Ätna. Das auf einer etwa 250 Meter hoch gelegenen Terrasse über der Küste thronende *Taormina* wurde bereits von Goethe besucht; seit Ende des vorletzten Jahrhunderts wird das Städtchen von Touristen frequentiert. Daher finden sich hier elegante Geschäfte, herrschaftliche Grandhotels, Terrassen und ein wunderbares Amphitheater.

Lohnenswert ist eine Rundfahrt um den 3323 Meter hohen *Ätna*, dessen Kegel vor einigen Jahren zum Naturschutzpark erklärt wurde. Bei *Linguaglossa* kann man bis auf 1741 Meter hinauffahren; den beschwerlichen Fußweg zum Kraterrand sollte man aber nur in Begleitung eines erfahrenen Führers zurücklegen – für die Anstrengung entschädigt die atemberaubende Aussicht, die sich von oben bietet. Die Rundfahrt um den Ätna führt durch fruchtbare Obst- und Weinplantagen und passiert Randazzo, Bronte und Adrano; von dort geht es wieder abwärts, Richtung Catania. Reizvoll ist alternativ eine Fahrt von Taormina am östlichen Rand des Ätna entlang, über Linguaglossa nach Milo und Zafferana Etna, wo der Boden zum Teil aus Lavaresten besteht, auf denen Wein und Obstbäume gut wachsen.

Catania wurde 1693 durch ein schweres Erdbeben zerstört; damals machte man sich sogleich an den Wiederaufbau und schuf eine der schönsten Barockstädte Italiens. Da es in Catania im Sommer

Barocke Majestät: Zum Dom von Modica führt eine breite Treppe empor, die dem Ensemble einen zeremoniellen und repräsentativen Charakter verleiht.

besonders heiß wird, sei eine Besichtigung des »centro storico« am frühen Morgen oder aber am Abend empfohlen.

Griechische Kolonialgründungen. Nahe bei Catania liegt an einer Bucht eine weitere Großstadt: *Syrakus.* Die zuerst auf der kleinen Insel Ortygia vor der Küste gegründete Siedlung gelangte unter den griechischen

> »Wir sahen das ganze, große, schöne, herrliche Eiland unter uns, vor uns liegen ... Alles, was um den Berg herum liegt, das ganze Tal Enna, bis nach Palagonia und Lentini, mit allen Städten und Flecken und Flüssen, war wie in magischen Duft gewebt.«
> Johann Gottfried Seume, Mit Engländern auf dem Ätna, 1802

Exklusives Ferienparadies:
An der sardischen Costa Smeralda tummelt sich die mitteleuropäische High-Society. oben
Drüben liegt Korsika: am sardischen Capo Testa. Mitte
Aber auch unberührte Strände lassen sich hier noch finden. unten

Map labels:

N
0 50km

Stromboli

Isole Eolie o Lipari
Salina
Panarea
Alicudi
Filicudi
Lipari
Vulcano

M i t t e l m e e r

Milazzo
Messina
Reggio di Calabria

Palermo
Cefalu
Monreale

Linguaglossa
Randazzo
Taormina
M. Etna 3323 m
Bronte
Zafferana
Adrano
Catania

Madonie

SIZILIEN

Trapani
Erice
Alcamo
Segesta
Lercara Friddi

Marsala

Mazara d. Vallo
Selinunte
Sciacca
Enna
Caltanissetta

Piazza Armerina
Grammichele
Caltagirone

Agrigento

Gela
Ragusa
Avola
Noto
Modica

Pantelleria
Isola di Pantelleria

Cagliari

Tyrannen zu großer Blüte; hier lebten auch
die Dichter Äschylus und Pindar sowie der
Mathematiker Archimedes. In Syrakus findet sich eines der größten antiken Theater;
zu faszinieren vermag aber vor allem das
»Ohr des Dionysos«: In dieser Höhle im
antiken Steinbruch der Stadt hielt der
Tyrann Dionysos seine Feinde gefangen;
die Form der Höhle erlaubte es ihm, dem
Geflüster der Häftlinge zu lauschen. In der
»città vecchia«, der Altstadt, gilt der griechische Athenatempel, der zum Dom
umgebaut wurde, als größte Attraktion.
Von Noto wird man aufs Neue in den Bann
geschlagen: Wie in Catania zerstörte das
Erdbeben von 1693 auch diese Gründung
der Sikuler, und auch hier schuf man eine
neue Stadt. Noto besteht heute fast aus-
schließlich aus barocken Gebäuden mit
ungewöhnlichem Formenreichtum.

Durch die Mitte Siziliens. Weiter geht es
landeinwärts nach Modica, einer kleinen
Stadt auf einem Hügel. Auch hier wieder
ein Barockjuwel – die Fassade der Kirche
San Giorgio wirkt wie eine Theaterkulisse.
Das benachbarte Ragusa wurde ebenfalls
nach 1693 wieder aufgebaut; von der Altstadt Ragusa Ibla – einem Gewirr aus
barocken Straßen und Gassen – blickt
man in eine stark zerfurchte Landschaft
mit tiefen Schluchten.
Das Innere Siziliens fasziniert durch verschlossen wirkende Orte und weite Felder,
die sich mit zum Teil baumlosen Hügeln
abwechseln – ein geheimnisvolles, weites
Land. In Caltagirone dreht sich alles um
das alte Keramikhandwerk: Im 17. Jahrhundert verzierte man die 142 Treppen-
stufen vor der Kirche Santa Maria del
Monte mit Majolikaplatten.
Wie gut reiche Römer in der Antike auf
Sizilien lebten, kann man in Piazza Armerina bestaunen: Die Mosaiken der Villa Romana del Casale aus dem 3. Jahrhundert
n. Chr. gehören zu den schönsten und
größten der Antike. Dass die Römer auch
in der Mode innovativ waren, zeigt ein
Mosaik mit Ball spielenden Römerinnen:
Die Damen tragen Bikinis (siehe S. 153).

Spuren des Mittelalters:
Säulenkapitell im Kreuz-
gang von Monreale bei
Palermo. oben

Ragusa rechts thront auf einem Hügel im sizilianischen Hinterland. Kulinarische Spezialitäten auf einem Markt in Palermo. oben

Das Erbe der Griechen: Relikte des Dioskurentempels in Agrigent. unten

Die Mitte Siziliens findet man in *Enna*, das sich vom arabischen Quasr Yanna ableitet: Enna war einmal Hauptstadt eines Emirats. Die abweisend wirkende Stadt liegt 942 Meter hoch; vom benachbarten Hügel grüßt *Caltanissetta*, wo im 19. Jahrhundert Schwefel abgebaut wurde.

Das berühmte *Agrigent* mit seinem Tempelkomplex befindet sich wieder fast am Meer; will man dem Dichter Pindar Glauben schenken, so war das antike Akragas damals die schönste Stadt von Großgriechenland. Ein weiterer kultureller Höhepunkt ist *Selinunt*, ein griechischer Ort aus dem 7. Jahrhundert v. Chr. mit einem gut erhaltenen klassischen Tempel.

Heimat des Marsalas. Die Straße führt nach *Marsala*, dem arabischen Marsa Ali (»Hafen Alis«); im 18. Jahrhundert kam der hier hergestellte Marsala in Mitteleuropa in Mode, und so entstand ein bis heute florierender Wirtschaftszweig. Bald hinter Marsala erreicht man *Trapani*. Vor der Stadt, die die Wallfahrtskirche Santuario dell'Annunziata aus dem 14. Jahrhundert und ein barockes Zentrum vorweisen kann, liegt eine Saline – eines der wichtigsten Vogelschutzgebiete Südeuropas. Dank der Naturschutzorganisation »World Wide Fund for Nature« legen hier nach langen Jahren der Bejagung selten gewordene Zugvögel wieder Rast ein, bevor sie weiterziehen; ganz besonders gut lassen sich die Tiere mit dem Fernglas am Abend beobachten.

Von Trapani aus sollte man mit der Fähre einen Ausflug auf die Insel *Pantelleria* unternehmen, die nur 84 Kilometer vom tunesischen Kap Bon entfernt ist; die Rundfahrt über die Insel führt durch eine sehr abwechslungsreiche Landschaft. Unweit von Trapani stand auf der Spitze eines Berges einmal ein Heiligtum der Aphrodite: Dort, wo man die Liebesgöttin verehrte, gründeten die Normannen im 12. Jahrhundert die Ortschaft *Erice*.

Kunstsinnige Kapitale. Bevor es nach Palermo, der Hauptstadt Siziliens und der Cosa Nostra, geht, sollte man den griechischen Tempel von *Segesta* besichtigen: Er steht einsam in bergiger Landschaft. Ein weiteres Muss ist *Monreale* kurz vor Palermo, das um eine Benediktinerabtei herum entstanden ist, welche Normannen-

herrscher Wilhelm II. im 12. Jahrhundert erbauen ließ; die Mosaiken in der Kirche und der Kreuzgang sind prächtig.

Palermo liegt unterhalb des Monte Pellegrino, auf dem sich die Kapelle der Stadtheiligen Rosalia erhebt. Von hier oben bietet sich ein schöner Blick auf das Meer und die moderne Stadt, die sich wie eine Krebsgeschwulst in die Landschaft gefressen hat. Von der von Goethe bejubelten Schönheit Palermos ist nicht mehr viel übrig; doch auch Dekadenz hat ihren Zauber. Auf seine Wertsachen sollte man übrigens gut aufpassen: Obwohl die Stadt Palermo seit ein paar Jahren einiges für die Sicherheit getan hat, sind Mafia und Diebesbanden immer noch präsent.

Palermo wirkt heute wie eine Mischung aus nordafrikanischer und südeuropäischer Stadt, und man weiß nicht genau, ob man bleiben oder so schnell wie möglich wieder abreisen soll. Fortsetzung Seite 158

Bademoden vor 1700 Jahren: die »Bikini-Mädchen« aus der römischen Villa von Piazza Armerina. oben

Auch dieses Gefährt ist wunderschön bemalt: Seit Jahrzehnten sind die traditionellen Pferdekarren in Monreale eine Touristenattraktion. Mitte

Ein üppig geschmückter Fiat Cinquecento. unten

Der Kreuzgang des Doms von Monreale ist von sarazenischen Einflüssen geprägt. links

Skulpturen, die Wind
und Sand geschaffen
haben: der berühmte
»Bär« an der Costa
Smeralda.

Die Nuraghen:
Sardische Rätsel

Zeugen einer geheimnisvollen Vergangenheit: Modernen Architekten nötigen die sardischen Nuraghen Respekt ab, da sie mit einfachsten Mitteln und Techniken erbaut wurden. **Oben:** im Gennargentu-Gebirge; **darunter:** Brunnentempel in Santa Cristina; **großes Bild rechts:** Palmavera.

Auf Sardinien, das schon seit der menschlichen Frühzeit bevölkert war, lebte ein Volk, dessen Name bis heute unbekannt blieb. Man weiß nichts von seiner Sprache, seinem Alltag und seinen Menschen; den Relikten dieses rätselhaften Volkes – jenen kegelförmigen Bauten aus kunstfertig aufeinander geschichteten Steinen, für die kein Mörtel benutzt wurde – hat man den Namen »nuraghe« (nach dem Hauptfundort Su Nuraxi) gegeben. Es gibt heute auf Sardinien etwa 7000 dieser ungewöhnlichen Konstruktionen, die so perfekt errichtet wurden, dass sie noch heute genau so in der Landschaft stehen wie vor ungefähr 3000 Jahren. Wozu die Nuraghen – man betritt sie durch niedrige Türen mit eindrucksvollen Türstürzen – dienten, ist ungeklärt: Die einen behaupten, dass es sich um Schlechtwetterunterkünfte handelte, andere meinen, dass sie als Schutz gegen Feinde dienten oder als Wohnhäuser. Zwischen Porto Torres und Barumini befindet sich das Hauptgebiet der Nuraghen: Nirgendwo sonst auf der Insel lassen sich so viele dieser Bauten finden wie hier.

Von den Nuraghen unterscheiden sich die »tombe dei giganti«: Das sind riesige Gräber, ähnlich den nordeuropäischen Hünengräbern, in denen – davon sind die Archäologen überzeugt – besonders hohe Familien beigesetzt wurden. Von diesen Gräbern existieren immer noch etwa 500 auf ganz Sardinien; zu erkennen sind sie an den Steinen, die in einem Halbrund aufgestellt worden sind, und einer Grabkammer, die durch einen Gang zu betreten ist, der beidseitig mit dolmenartigen Steinen ausgestattet ist.

Die Archäologen glauben nunmehr mit Bestimmtheit sagen zu können, dass die Kultur der sardischen Nuraghen von anderen Kulturen Westeuropas beeinflusst worden ist und nicht, wie man früher annahm, vom Osten, den Griechen also. Diese Hypothese stützt sich auf die Art und Weise, wie die Nuraghen errichtet worden sind, denn ihre Bauweise ähnelt der anderer megali-

thischer Kulturen in Westeuropa: Dolmen, Gräber mit langen Korridoren, einzeln stehende Menhire, aus aufgerichteten Steinen gebildete Kreise und Alleen von Menhiren finden sich auch in Norditalien, in Frankreich und Deutschland.

Besonders interessant sind die Ausgrabungen ganzer »Ortschaften«, die aus Nuraghen und Hünengräbern bestehen.

Ein besonders schönes Beispiel einer solchen Ortschaft ist das »villaggio nuraghico di Su Nuraxi« nahe Barumini in der Provinz Cagliari. Die Ausgrabungen von Su Nuraxi gehören zu den wichtigsten und eindrucksvollsten ganz Sardiniens. Zu sehen sind die Reste von zahlreichen trichterförmigen Bauten, die eng beieinander stehen und zwischen 1500 und 900 v. Chr. errichtet worden sein dürften. Mitten in diesem Labyrinth sind die Überreste einer Art Festung mit vier Türmen zu erkennen.

Wie das Volk der Nuraghen unterging, ist nicht bekannt. Sicher ist nur, dass schon früh die Phönizier und Karthager, hochentwickelte Völker des südlichen Mittelmeerraums, nach Sardinien kamen – Völker, so ist zu vermuten, die der Kultur der Nuraghen ein rasches Ende bereiteten.

Die griechischen Tempel Siziliens

Die Griechen haben auch auf Sizilien eindrucksvolle Zeugnisse ihrer Kultur und Baukunst hinterlassen: Am berühmtesten sind die hervorragend erhaltenen Tempelkomplexe von Agrigent, Selinunt und Segesta. Oft errichteten die Griechen ihre Heiligtümer exponiert auf einer Hügelkuppe, da-mit sie schon von weitem gut zu erkennen waren; so etwa die sechs Tempel von Agrigent, die auf die 581 v. Chr. gegründete Stadt Akragas zurückgehen. Noch älter ist Selinunt, dessen Akropolis ebenfalls mehrere Tempel und Heiligtümer umfasst; dort gab es seit etwa 650 v. Chr. eine griechische Kolonie. Der dorische Tempel von Segesta aus dem 5. Jahrhundert v. Chr. hingegen steht in seiner wuchtigen Masse allein auf unbewohntem Terrain. Alle drei Orte sind typische Beispiele für den griechischen Tempelbau auf »barbarischem« Gebiet.

Gräber der Riesen: die »tombe dei giganti«. oben und Mitte
Kunstvolle Konstruktion: Nuraghe Losa. unten

Doch die Stadt hat auch viele Schätze zu bieten – etwa die Kathedrale: Hier liegt ein Deutscher begraben, Stauferkaiser Friedrich II., der es vorzog, in Süditalien, vor allem auf Sizilien, zu leben. Sein Skelett ruht in einem Porphyrsarg. Besuchen sollte man auch den Palazzo dei Normanni, einen riesigen Palast, der von den Normannen auf den Resten einer Sarazenenfestung errichtet wurde. Hier befindet sich die Cappella Palatina: Sie ist mit Mosaiken dekoriert und gilt als eines der bedeutendsten Kunstdenkmäler des normannischen Sizilien.

Sardische Impressionen. Wer mit dem Wagen nicht über Kalabrien nach Norditalien zurückfahren will, sollte in Palermo das Schiff nehmen – und zwar nach Sardinien, der klassischen Sommerinsel.
Sardinien ist Italiens zweitgrößte Insel und wie Sizilien schon seit Menschengedenken besiedelt. Die rätselhaften »Nuraghen« – prähistorische, aus Steinblöcken ohne Mörtel errichtete Rundbauten, rund 7000 auf der ganzen Insel – zeugen von einer uralten, noch immer kaum erforschten Kultur. Sardinien ist landschaftlich sehr vielseitig: Schluchten und Berge sowie

Aus der Rinde der Korkeiche gewinnt man den luftigen Dämmstoff.
oben
Marktszene in Alghero.
unten

Sand- und Felsstrände an der Küste garantieren einen perfekten Urlaub.
Man verlässt das Schiff in *Cagliari*, der Inselhauptstadt; beim Gang durch die Altstadt fühlt man sich durch die Farben der Häuser an Nordafrika erinnert. Empfohlen sei ein Abstecher auf die andere Seite des Kap Carbonara, nach *Muravera*: Die Straße dorthin passiert viele romantische Schluchten. Dann geht es von Cagliari aus zur Insel *Sant'Antioco* an der Südwestküste und durch die Berge, vorbei an Iglesias, zu den Stränden bei *Oristano*. Hier herrschte im 14. Jahrhundert Eleonora von Arborea: Sie forderte die Autonomie für Sardinien – und die Gleichberechtigung für Frauen.

Nuraghen, Neptun und Natur. Von dem fast 600 Meter hoch gelegenen *Macomer* aus hat man einen grandiosen Ausblick auf die Hochebenen von Abbasanta und Barbagia Richtung Südosten. Wenige Kilometer vor Sassari steht ganz einsam die nächste Sehenswürdigkeit – die Chiesa della Santissima Trinità di Saccargia aus dem 12. Jahrhundert, ein Bauwerk im Stil der Pisaner, die damals über Sardinien herrschten. In *Sassari* reizt hingegen die Altstadt im katalanischen Stil.
Auf dem Weg nach Alghero ist in *Palmavera* eine der prächtigsten Nuraghen Sardiniens zu besichtigen. Am Meer liegt *Alghero* mit seiner hübschen Altstadt und seiner Festung; an der Spitze der benachbarten Halbinsel lockt die Neptunsgrotte mit herrlichem Ausblick auf die Küste. Ein Höhepunkt der sardischen Baukunst ist in *Porto Torres*, dem Hafen von Sassari, zu finden: Die Chiesa di San Gavino ist ein romanisches Juwel und die größte Kirche Sardiniens; sie birgt eine schöne Krypta mit einem römischen Sarkophag.
Im Norden, in der Gallura, bezaubern wilde Küstenabschnitte mit Kaps aus Granit, Wäldern und verschwiegenen Buchten. Die nahe *Costa Smeralda* ist die beliebteste Ferienregion Sardiniens; hier kann man sich richtig erholen. Umso schwerer fällt die Heimkehr mit der Fähre ab Olbia – es ist ein Abschied von einem Sonnenparadies unvergleichlicher Schönheit.

Der Elefantenturm von 1307 wacht über den Hafen von Cagliari. oben
Die Santissima Trinità di Saccargia bei Sassari zeigt schönste pisanische Steinmetzkunst aus dem 12. Jahrhundert. unten
Träume von ungetrübten Badefreuden und jeder Art von Wassersport werden an den Gestaden von Sizilien und Sardinien Wirklichkeit. links oben
Ab den sechziger Jahren wurde die traumhafte und luxuriöse Smaragdküste großes Bild als Urlaubsregion am Reißbrett entworfen und planmäßig für den Tourismus erschlossen.

Planen und erleben ...

DIE HIGHLIGHTS

Taormina

250 Meter hoch über dem Meer liegt Taormina. Seit jeher machen hier Kaiser und Könige, Reiche und weniger Reiche Ferien; heute wird der zauberhafte Ort vor allem von Gruppenreisenden frequentiert. Taormina hat außer seiner nach wie vor herrlichen Aussicht auf die Küste und den Vulkan Ätna ein erstaunlich gut erhaltenes griechisches Theater zu bieten, in dem schon Goethe den Sonnenuntergang besang; hier finden an Sommerabenden Konzerte und Ballettabende statt. Die Hauptverkehrsstraße von Taormina ist heute Fußgängerzone und hat neben vielen Nippesläden auch Geschäfte mit reizvollem Kunsthandwerk aus Sizilien zu bieten.

Ätna

Dieser Berg ist der größte aktive Vulkan Europas und 3323 Meter hoch; zu seinen Füßen wachsen auf der fruchtbaren Lava Obst und Wein. Tausende von Menschen leben vom Plantagenanbau, immer bedroht von neuen Lavaflüssen und Lapillibomben. Man sollte nicht allein aufsteigen, denn der Krater birgt Gefahren; in fast allen Ortschaften unterhalb der Bergspitze stehen Führer für Gruppenbesteigungen zur Verfügung. Ganz besonders reizvoll sind Nachtbesteigungen und das Erlebnis eines Sonnenaufgangs.

Catania

Nachdem im 17. Jahrhundert ein gewaltiges Erdbeben die Stadt zerstört hatte, wurde sie im Barockstil neu errichtet. Ganze Straßenzüge bestehen nur aus Palästen und Kirchen. Die Via Ätna ist eine 3 Kilometer lange Prachtstraße, die schnurgerade vom Hügel hinab zum Meer führt. Fast alle Häuser sind aus schwarzer Lava errichtet worden, was Catania ein seltsam düsteres Antlitz verleiht. Sehr schön ist die Piazza del Duomo mit dem Elefantenbrunnen.

Syrakus

Anders als das dunkle Catania erstrahlt diese antike Stadt in Weiß. In der griechischen Antike war Syrakus eine der wichtigsten Städte Großgriechenlands; davon zeugen ein riesiges griechisches Theater, der Steinbruch mit dem berühmten »Ohr des Dionysos« und frühchristliche Katakomben. Die Altstadt, die auf einer Halbinsel am Meer liegt, ist sehr malerisch. Auch ein Besuch bei der Fonte Ciane ist interessant; nur hier wächst in Europa der Wildpapyrus.

Ragusa

Auch Ragusa ist das Ergebnis der Wiederaufbauarbeiten nach einem Erdbeben. Die barocke Altstadt ist umgeben von einer wilden Landschaft; von höher gelegenen Stadtteilen aus bieten sich herrliche Blicke auf Paläste und Kirchen, die – typisch für das Barock Siziliens – sehr reich verziert sind.

Piazza Armerina

Die Villa Romana del Casale ist eine der interessantesten römischen Villen im Mittelmeerraum, und ihre Mosaiken zählen zu den schönsten der Antike. Man sollte einen Besuch an heißen Tagen vermeiden, denn hier im Landesinnern von Sizilien staut sich die Hitze sehr.

Die Costa Smeralda

Die 55 Kilometer lange Küstenlandschaft im Norden von Sardinien heißt wegen ihrer smaragdgrünen Gewässer Costa Smeralda. Die Schönheit dieser wilden Landschaft, die noch bis Mitte des 20. Jahrhunderts völlig menschenleer war und nur aus Buschwald und Granitgestein bestand, hat in den sechziger Jahren den Aga Khan veranlasst, hier eine der exklusivsten Feriensiedlungen am ganzen Mittelmeer anzulegen; in Cala di Volpe, Porto Cervo und Baia Sardinia stehen heute die Sommervillen des internationalen Jetsets. Luxuriöse Hotelanlagen, Parks, Golfplätze und ganze Dörfer wurden hier als »Renommierprojekte« und mit staatlicher Unterstützung in den letzten Jahrzehnten aus dem Boden gestampft, um die Scharen von sonnenhungrigen Urlaubern, die von Civitavecchia mit der Fähre nach Olbia übersetzen oder mit dem Flugzeug in Olbia oder Sassari landen, aufnehmen zu können. Doch selbst in den Tagen des Massentourismus ist der Urlaub an diesen teuren Gestaden nicht für jedermanns Geldbeutel geeignet: Die Costa Smeralda ist noch weit von einem zweiten Mallorca entfernt.

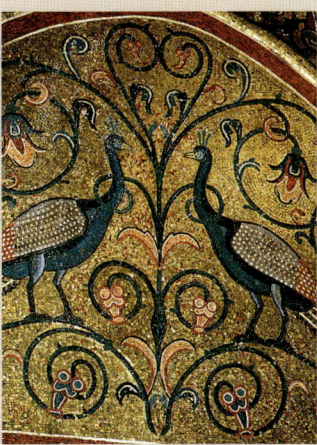

Agrigent

Auf einem Hügel gegenüber der hässlichen Neustadt erheben sich die gigantischen Ruinen der griechischen Tempel. Das so genannte Tal der Tempel umfasst sechs antike Gotteshäuser. Hochschließendes Schuhwerk ist hier als Schutz gegen Schlangen unerlässlich.

Monreale

Siziliens schönste Kirche aus der Normannenzeit findet sich in Monreale, in der Nähe von Palermo. Der Dom ist mit kunstvollen Mosaiken geschmückt, und besonders die Apsis zeigt den Einfluss der arabischen Kunst auf die sizilianische Baukunst des Mittelalters. Auch der Kreuzgang verbindet orientalische und europäische Einflüsse.

Palermo

Die einst so stolze Großstadt ist heute arg heruntergekommen. Von der großen Vergangenheit erzählen der Palazzo dei Normanni und die Kathedrale, das Viertel Quattro Canti und die barocke Via Maqueda. Das historische Zentrum von Palermo fasziniert durch seine Mischung aus architektonischem Reichtum und malerischem Verfall.

Sardinien

Italiens zweitgrößte Insel lebt fast ganz vom Tourismus; aus diesem Grund muss man lange vorher buchen und tief in die Tasche greifen. Einige Küstenabschnitte, wie die berühmte Costa Smeralda, bestechen durch luxuriöse Villen, Traumhotels und phantastische Badebuchten. Man nehme hier ein Boot und mache eine Besichtigungstour an der Küste entlang. Schön ist auch ein Besuch der Isola di Sant'Antioco: Sie ist vulkanischen Ursprungs und bietet versteckte Badebuchten.

TIPPS FÜR UNTERWEGS

Man muss auf Sizilien vorsichtig fahren und darf nachts nie anhalten, auch wenn jemand an der Straße um Hilfe bittet. Das hört sich rücksichtslos an, aber viele Fremde haben ihre Nächstenliebe bereut und wurden bis aufs Hemd ausgeraubt; man sollte im Zweifelsfall lieber die Polizei im nächsten Ort benachrichtigen. Viele Straßen Siziliens sind reparaturbedürftig; reizvoll ist dennoch eine Fahrt quer durch das Innere von Catania nach Trapani: Der Wechsel der Landschaften ist einmalig. Das Gleiche gilt (wenn auch in geringerem Ausmaß, denn die Insel ist kleiner) für Sardinien.

Souvenirs

Ohne den süßen Dessertwein Marsala sollte man Sizilien nicht verlassen; man kaufe ihn nur direkt beim Winzer. In Caltagirone lebt man von der Keramikproduktion – das Angebot befriedigt die raffiniertesten Geschmäcker. Sardinien ist berühmt für seine Honigproduktion: Als ausgefallene Spezialität sollte man auf jeden Fall den »miele amaro« probieren, einen besonders bitteren Honig. Neben den zahlreichen empfehlenswerten Weißweinen ist auch der Likörwein »Monica di Sardegna« unvergesslich gut.

Entfernungen

km		
km	**Messina**	712
	50 km	
50	**Taormina**	662
	185 km	
235	**Ragusa**	477
	210 km	
445	**Agrigent**	267
	267 km	
712	**Palermo**	km
	Fähre	
km	**Cagliari**	405
	100 km	
100	**Oristano**	305
	140 km	
240	**Porto Torres**	165
	165 km	
405	**Olbia**	km

Der Schnee täuscht: Der Ätna ist nach wie vor »heiß« und brodelt noch. oben
Im Normannenpalast in Palermo. links oben
Die Costa Smeralda von ihrer schönsten Seite: Badestrand bei Romazzino. linke Seite

Land und Leute erfahren: Mit seinen kleinen Nebenstraßen eignet sich Italien wie kaum ein zweites Land für eine Entdeckungsreise mit dem Auto.

Register

Vom Convento dei Cappuccini – früher Benediktinerkloster, heute Hotel – hat man einen zauberhaften Blick auf Amalfi.

Impressum

Ein kostenloses Gesamtverzeichnis erhalten Sie beim
Bruckmann Verlag
D-81664 München
www.bruckmann.de

Lektorat: Grit-Uta Göhring
Layout: graphitecture book, Rosenheim
Konzeption: Axel Schenck, Bruckmühl
Repro: Artilitho, Trento
Umschlaggestaltung: Heinz Kraxenberger, München
Kartografie: Theiss Heidolph, Eching am Ammersee
Herstellung: Bettina Schippel

Alle Angaben dieses Werkes wurden vom Autor sorgfältig recherchiert und auf den aktuellen Stand gebracht sowie vom Verlag geprüft. Für die Richtigkeit der Angaben kann jedoch keine Haftung übernommen werden. Für Hinweise und Anregungen sind wir jederzeit dankbar. Bitte richten Sie diese an:
Bruckmann Verlag
Produktmanagement
Innsbrucker Ring 15
D-81673 München
E-Mail: lektorat@bruckmann.de

Bildnachweis:
Frank Röhrich: Routen 1, 2 und 3
Massimo Borchi: Routen 4 und 5
Joachim Hellmuth: Routen 6, 7, 8

Weitere Abbildungen:
Stefano Amantini/Atlantide, Florenz: 78 lu, 78 ru, 79 u, 80 lm, 81 rm, 83 ru, 84 lu, 85 ro, 92 lo, 93 ro, 94-95, 98 ru, 100 lo, 100 lm, 100 lu, 100-101 (o), 101 lu, 101 ro, 101 rm, 101 ru, 106 lm, 106 lu, 106-107 (o), 107 ru, 108 lm, 109 lu, 110 lo, 111 o, 138 lo, 138 lm, 138 lu, 138-139 (u), 139 ro, 139 ro, 139 ru, 162-163, 166 m, 168 u
Giulio Andreini, Siena: 14 lu, 18 lo, 18 lm, 20 lo, 21 ro
Archiv für Kunst und Geschichte, Berlin: 13 ro, 15 l, 20 lu
Archiv Bucher Verlag, München: 68 (rund)
Hans-Joachim Arndt, Friedberg: 17 l, 40-41, 44 lo
Udo Bernhart, Langen: 36-37 (oben), 56 lu, 109 ru
Bildarchiv Preußischer Kulturbesitz, Berlin: 13 rm, 15 ro, 15 ru
Bilderberg, Hamburg: 66-67
Massimo Borchi/Atlantide, Florenz: 19 lu, 44 lu, 46 lo, 46 lm, 47 ro, 47 ru, 51 ru, 52 lo, 52 lm, 53 lu, 55 rm, 55 ru, 56 lo, 71 lu, 72 lm,
Guido Cozzi, Atlantide, Florenz: 78 lo, 80 ru, 84 lo, 84-85 (u), 86-87, 92 lm, 102 lo, 103 lu, 164 m, 165 o
Fondazione Negri, Brescia: 13 l,
Das Fotoarchiv, Essen: 19 ru, 53 ro, 91 lu
Zeno Diemer/Deutsches Museum, München: 14 ru
Markus Dlouhy, München: 17 ro, 21 lu, 44 ru, 55 ro, 81 ru, 107 ru, 164 u
Fratelli Alinari, Florenz: 20 ru,
Freie Film Kritik/Heiko Blum, Köln: 15 rm
Max Galli, St. Moritz: 2-3, 21 ru, 24-25, 38 lu, 42, 130
Rainer Hackenberg, Köln: 17 ru, 21 rm, 23 ru, 30 lm, 34 lm, 34-35 (u), 63 u, 68 lo, 69 ru, 70-71 (o), 71 rm, 72 lo, 116 ru, 119 ro, 132 ru
Michael Hannwacker, München: 31 ru
Joachim Hellmuth, Seeshaupt: 4-5, 16 lu, 20 lm, 22 lo, 22 lu, 22 ro, 23 lu, 23 rm, 165 m, 165 u, 166 o, 166 u, 167, 168 o
IFA-Bilderteam, Taufkirchen bei München: 12 l, 35 ru, 45 u, 54 lu, 78 lm, 103 ru, 156-157 (unten)
Interfoto Pressebild Agentur, München: 13 ru
Georg Kürzinger, München: 16 lo, 96, 97, 98 lo, 99 u, 102 lm, 102 (rund), 103 ro
Laenderpress, Mainz: 16 r, 102 ru
laif, Köln: 1, 32-33, 37 ro, 153 rm
Axel M. Mosler, Dortmund: 18 ru, 30 lu, 36 lo, 36 om, 37 ru, 58-59, 76, 140 lm
Vera Plückthun, München: 28 lo, 29 ro, 82 lo
Hubert Stadler, Fürstenfeldbruck: 10-11, 16 lm, 19 ru, 23 ro, 89 rm, 91 ro, 93 ru, 150 lo, 150 lm, 150 lu, 154-155, 156 lo, 156 lu, 157 ro, 157 rm, 157 ru, 158 lo, 158 lm, 158 lu, 158-159 (unten), 159 lo, 159 ro, 159 ru, 160 o, 164 o
StockFood Eising, München: 36 lu
Teatro alla Scala/Lelli & Masotti, Mailand: 52-53 (o)
Martin Thomas, Aachen: 18 lu, 34 (rund), 35 ro, 43, 53 ru, 54-55 (o), 57, 61, 62 lm, 64 lm, 72 lu, 73 o, 109 rm, 148
Ernst Wrba, Sulzbach: 14 lm, 17 rm, 19 ro, 26, 62 ro
(l = links, r= rechts, o = oben, m = Mitte, u= unten)

Die Deutsche Bibliothek – CIP-Einheitsaufnahme
Ein Titeldatensatz für diese Publikation ist bei der Deutschen Bibliothek erhältlich.

Printed in Italy by Printer Trento

© 2004 Bruckmann Verlag GmbH, München (Neuausgabe des Titels »Traumstraßen Italien«, erschienen im Econ Ullstein List Verlag 2000, ISBN 3-517-01919-4)

ISBN 3-7654-4208-9